21世纪普通高等院校系列教材

养老评估师实务手册

YANGLAO PINGGUSHI SHIWU SHOUCE

主　编　隋国辉
副主编　蔡山彤　梅超南

西南财经大学出版社
中国·成都

图书在版编目(CIP)数据

养老评估师实务手册/隋国辉主编.—成都:西南财经大学出版社,2020.4
ISBN 978-7-5504-4262-7

Ⅰ.①养…　Ⅱ.①隋…　Ⅲ.①养老—社会服务—评估—中国—技术培训—教材　Ⅳ.①D669.6

中国版本图书馆 CIP 数据核字(2019)第 279695 号

养老评估师实务手册

主　编　隋国辉

副主编　蔡山彤　梅超南

责任编辑:李特军

封面设计:杨红鹰　张姗姗

责任印制:朱曼丽

出版发行	西南财经大学出版社(四川省成都市光华村街 55 号)
网　　址	http://www.bookcj.com
电子邮件	bookcj@foxmail.com
邮政编码	610074
电　　话	028-87353785
照　　排	四川胜翔数码印务设计有限公司
印　　刷	郫县犀浦印刷厂
成品尺寸	185mm×260mm
印　　张	7.5
字　　数	141 千字
版　　次	2020 年 4 月第 1 版
印　　次	2020 年 4 月第 1 次印刷
印　　数	1— 2000 册
书　　号	ISBN 978-7-5504-4262-7
定　　价	29.80 元

前言

QIANYAN

随着当前社会老龄化和高龄化现象的日益严峻，老年人特别是失能老人对社会养老服务的需求日益增加，养老服务行业亟须建立和完善科学化、标准化、规范化、人性化的评估体系，以保证评估的有效和公平。“有效”和“公平”需要准确的数据，准确的数据则需要有标准的评估工具。国际上关于老年人能力评估工具的发展经历了两个阶段。20世纪60年代开始，北美和欧洲国家相继开发照护需求评估工具，早期的工具通常是从某个特定的目的出发，测量某种特定功能表现的量表。例如人们熟知的“巴氏日常生活活动能力量表”“简易精神状态量表”等，这些量表在各自的领域都显示了良好的效度和信度，至今仍被许多国家的临床工作者使用。但是单一的评估难以涵盖环境气候和生活方式等外界因素对生活能力的影响，不能完全发现所有真正需要长期照护的人群，所以多维度的评估工具应运而生，它将老人视为一个整体，全方位地评估老人的能力，了解老人的需求，从而制订出个性化的照护方案。整个评估工具的发展由单一评估量表到多维评估工具，由各部门分别建立评估标准到多部门联合统一制定评估标准，由各照护设施评估之间的分隔到兼容，由“以疾病为中心”的诊疗模式到“以人为中心”的综合评估，实现了评估工作的统一性、连续性、全面性及科学性。

养老服务评估的意义，是确定老年人所需养老服务类型、护理等级。评估工作根据相关标准开展，由专业评估人员对老年人的基本情况（包含家庭经济状况和生活状态）、身心健康程度，特别是精神健康程度等进行综合分析评价，经评估分析后确定其生活自理情况，并提出相应的服务计划。

这本书将采用多维度的评估工具指导一线评估人员从老人的身体状况、躯体活动功能、精神心理状况、生活方式、价值观等角度多方位评估老人的健康状况，并参照评估结果制订照护计划，让评估成为养老服务工作中的一个重要部分，让科学管理进入养老领域，让有需求的老年人获得优质的服务。

编者

2020年1月

目录

MULU

第一章　养老评估概述

学习目标

1. 掌握养老评估的内容和方法。
2. 熟悉养老评估的流程。
3. 熟悉养老评估师的职业道德和职业守则。
4. 熟悉养老评估的目的和意义。
5. 了解我国养老相关的政策和法规。
6. 具备为养老机构制定评估标准的能力。

第一节　人口老龄化现状

2018年年底，中国60岁及以上老年人口已达2.49亿人，占总人口17.9%。预计到2050年前后，中国老年人口数将达到4.87亿人的峰值，占总人口的34.9%。自1999年我国进入人口老龄化社会以来，近20年间，我国老年人口已净增1.1亿人。

根据1956年联合国《人口老龄化及其社会经济后果》确定的划分标准，当一个国家或地区65岁及以上老年人口数量占总人口比例超过7%时，则意味着这个国家或地区进入老龄化，达到14%即可称为老龄社会，超过20%则可以被称为超老龄社会。1982年维也纳老龄问题世界大会确定，当60岁及以上老年人口占总人口比例超过10%时，则意味着这个国家或地区进入老龄化。

一、我国人口老龄化的特点与趋势

1. 老年人口基数大

我国第六次全国人口普查数据显示，截至2010年11月1日，60岁以上的老年人口为1.78亿人，占总人口的13.26%。其中65岁以上老年人口为1.13亿人，占总人口的

8.87%，2014年已经超过2亿人，2026年将达到3亿人，2037年将超过4亿人，2051年将达到最大值，之后将一直维持在3亿~4亿人。这表明，21世纪上半叶，我国一直是世界上老年人口最多的国家，占世界老年人口总量的15%。

2. 老年人口发展速度快

65岁以上老年人占总人口的比例从7%增长到14%，发达国家用了45年以上的时间，而中国仅用了27年，并且未来将长时间保持较高的递增速度，是人口老龄化速度最快的国家之一。

3. 地区发展不均衡

1979年，上海最早进入人口老年型城市行列，距离2012年宁夏进入人口老年型城市行列，时间跨度长达33年。由此可见，中国人口老龄化发展具有由东到西的区域梯次特征，东部经济发达地区明显快于西部经济欠发达地区。而在农村，出现了大量的“留守老人”，独居或只与配偶生活的老年人的比例不断上升。农村经济基础薄弱，医疗养老保障缺乏，使得农村养老问题日趋严重。

4. 城乡倒置显著

我国是农业大国，农村人口数量大，而且，农村越来越多的青壮年携子女进城务工，导致农村老龄化水平偏高，这种城乡人口数量倒置的状况将会一直持续到2040年。到21世纪后半叶，城镇的老龄化水平才将超过农村，并逐渐拉开差距。这是中国人口老龄化不同于发达国家的重要特征之一。

5. 老龄化超前于现代化

与发达国家的历程正相反，中国是在经济尚不发达的情况下提前进入老龄化社会的，属于未富先老。我国是中等偏低收入的发展中国家，应对人口老龄化的经济实力还比较薄弱。

6. 高龄化、空巢化进一步加速

2015年，全国80岁以上老人已达到2 400万人，约占老年人口的11.1%，年均净增高龄老人100万人，增速超过我国人口老龄化速度。同时，空巢化进一步加剧，2010年全国65岁以上空巢老年人有4 150万人，到2015年，超过5 100万人，老年人的照护问题日益突出。

第二节　养老评估的目的及意义

随着当前社会老龄化和高龄化现象的日益严峻，老年人特别是失能老人对社会养老服务的需求日益增加，养老服务行业亟须建立和完善科学化、标准化、规范化、人性化的评估体系，提高养老服务质量，以满足社会对养老服务的迫切需求。

养老服务评估（老年人能力评估）的意义，是确定老年人所需养老服务类型、护理等级。评估工作根据相关标准开展，由专业评估人员对老年人的基本情况（包含家庭经济状况和生活状态）、身心健康程度，特别是精神健康程度等进行综合分析评价，经评估分析后确定其生活自理情况，即能力完好、轻度失能、中度失能、重度失能四个等级，并根据评估结果提出相应的服务计划。具体评估的目的和意义对于国家政府层面、机构行业层面、个人层面都不一样。

1. 国家政府层面

（1）为制定养老服务政策方针提供数据支撑，让养老政策更接地气，全面实现老有所养，老有所依。

（2）准确地把握市场需求，科学地制订养老服务设施建设计划，增加不同档次、满足不同层次养老需求的养老服务项目。

（3）以需求为导向，规范服务购买，正确地规划建立多种补贴制度，帮助真正有困难的老人。

（4）合理地规划、使用有限的养老财政投入。

2. 行业机构层面

（1）降低老年人照护服务中意外风险发生的概率，提供规避风险的措施。

（2）作为了解老年人需求的工具，指导养老服务机构科学地制订照护服务计划，精准科学地为老年人提供个性化、差异化的养老服务。

（3）为养老机构收费等级的划分提供依据，避免出现与老年人及其家属因服务项目引起的收费纠纷问题。

3. 个人层面

（1）评估能够很好地了解老人的健康、疾病、精神状况。

（2）养老评估可帮助老人恢复健康或维持目前的健康状况。

（3）评估是享受国家财政补贴的依据，如社会福利、社会救助、长照保险等。

（4）通过评估，家属可根据老年人的实际情况，选择不同的养老方式和地点。

（5）评估便于老人适时转诊、转院、出院，减少医疗费用的支出。

第三节　养老评估的内容及流程

一、养老评估的内容

老年人的能力评估包括身、心、社、灵四个方面的评估，如表 1-1 所示。

表 1-1　养老评估的项目及内容

评估项目	评估内容
基本资料	基本信息、婚姻、经济、文化程度等
健康史评估	健康状况、服务需求即老人的主诉、现病史、既往史、家族史、生长发育史、心理状况、社会状况等
身体评估	生命体征、面容与表情、发育与体型、营养状态等
躯体功能评估	日常活动能力（行走、上下楼梯、床椅转移、穿衣、进食、修饰、大小便控制等）； 吞咽能力、关节活动度、步态及平衡评估等
常见老年综合征评估	老人跌倒评估、疼痛评估、压疮评估、尿失禁评估、多重用药评估等
精神心理评估	意识状况评估、认知功能评估、抑郁评估、谵妄评估、感知觉与沟通评估
社会评估	社会参与评估、角色评估、文化评估、家庭评估
资料的分析及处理	审核资料、统计分析
照护计划及收费等级	收费项目、服务内容、等级划分

二、养老评估的流程

老年人能力评估作为照护服务工作开始的第一步，能帮助机构或政府对老年人准确地进行科学分类，为照护资源的合理分配奠定基础。为保证评估的准确性、公平性和客观性，评估工作将由经过专业培训、获得评估资格认证的人员作为第三方评估员对老年人进行评估，确定其能力等级。评估流程如图 1-1 所示。

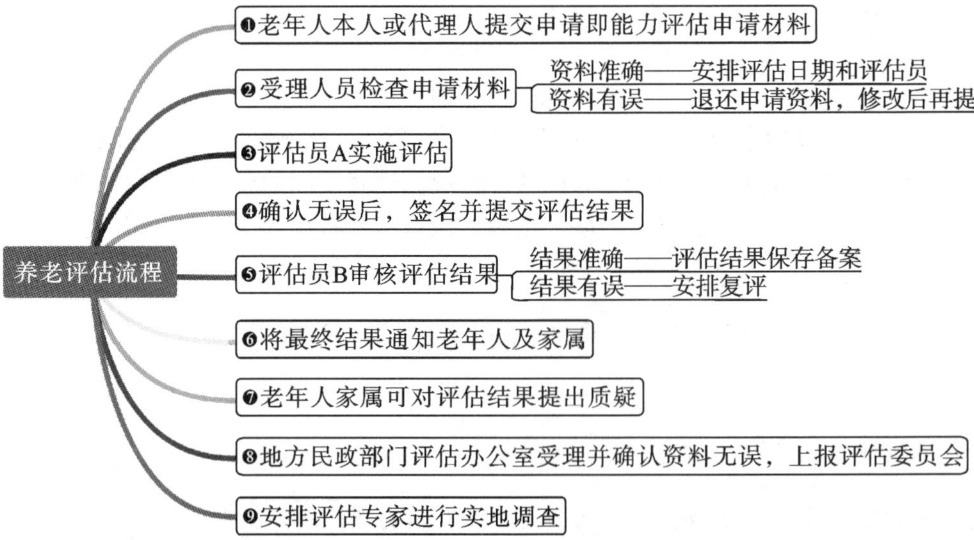

图 1-1　养老评估的流程

第四节 养老评估的方法及评估注意事项

一、养老评估的方法

评估师在实施养老评估过程中，常采用的评估方法有观察法、访谈法、问诊法、视诊法、触诊法、心理测量法及量表评估法。其中问诊法、视诊法、触诊法采用的是医学评估方法，主要用于健康史评估、一般身体状况评估；观察法、访谈法、量表评估法主要用于躯体、精神心理、社会评估。具体的评估方法如下：

1. 观察法

观察法指评估师根据一定的目的，用自己的感官和辅助工具去直接观察被评估对象，从而获得资料的一种方法。如评估师在做心理评估时，除了使用量表评估法外，还要注意观察老人的面部表情及细微动作。观察法用于精神心理、社会评估。

2. 问诊法

问诊法是中医采用对话的方式，询问病人及其家属，了解现有疾病及其病史的一种方法。评估时主要用于健康史评估和一般身体状况评估。

3. 访谈法

访谈法又称晤谈法，是指通过评估师和被评估师面对面地交谈来了解老人的心理和行为的心理学基本研究方法。这个方法可以用于整个养老评估过程。

4. 触诊法

触诊法指评估师用手指或触觉来进行体格检查的方法。其通过触、摸、按、压老人的身体局部，以了解老人体表（皮肤及皮下组织等）及相关脏器的物理特征。此方法用于一般身体状况评估。

5. 视诊法

视诊法指评估师通过观察老人一般状态和许多全身性的体征，如发育、营养、体型或体质、意识、表情、体位、姿势和步态等来获得评估资料的一种方法。此方法用于一般身体状况评估和躯体功能评估。

6. 心理测量法

心理测量法依据一定的心理学理论，使用一定的操作程序，将人的能力、人格及心理健康等心理特性和行为确定出一种数量化的价值。此方法用于精神心理的评估。

7. 量表评估法

量表是测量的准尺，是根据测量的目的而编制的一系列测验项目（任务或问题），每一个任务或问题项目各有事前规定的标准分数。使用量表测量时，评估师根据被试者的回答对照计分。此方法用于躯体功能评估、精神心理评估、社会评估。常用的评估量表如表 1-2 所示。

表 1-2　养老评估量表汇总

评估项目	量表名称
健康史评估	健康档案记录表
一般身体功能评估	身体功能评估表
躯体功能评估	日常生活能力量表（ADL）
	平衡功能量表
	步态功能量表
	吞咽功能量表
常见老年综合征评估	压力性损伤量表
	跌倒量表
	疼痛量表
	大小便失禁评估量表
精神心理功能评估	焦虑状态量表
	抑郁状态量表
	简明精神状态量表
	认知功能评估量表
社会评估量表	人际关系综合诊断量表
	家庭支持量表
	家庭功能量表

二、养老评估的注意事项

1. 评估前

（1）评估师必须向老年人、陪同人员出示评估师证，说明此次评估的目的，以得到老人和家属的配合。

（2）评估师应仔细检查评估辅助工具及评估场所的环境，确保安全无误。

2. 评估时

（1）在保证老年人安全的前提下，评估师应尽可能让老年人当场自主完成评估项目，如上下楼梯、床椅转移等动作。若条件不允许老年人当场示范评估动作，或评估师根据经验认为老年人当场示范动作与平常实际情况有出入时，评估师须写明实际情况并判断原因。

（2）在条件允许的情况下，评估师应尽可能分别与老年人、其主要照护者、家属进行沟通交流。特殊情况下，可进行多次访谈。同时我们建议评估师与每个人私下沟通，避免当多人的面讨论。如果出现对同一个问题，老年人、其主要照护者和家属各方答案不一的情况时，评估师需根据常识和经验进行综合判断并得出结论。

（3）评估师应尽可能注意不同指标前后之间的逻辑关系。如老年人能自己独立完成洗澡全过程，评分为 5 分，而其家属却说需要他人帮助，评分为 0 分。当两项指标相矛盾，此时评估师应根据实际情况着重确认，确保评估结果的准确性和有效性。

（4）评估中如出现界限值时，两名评估师要进行复评。例如日常生活活动评分出现 45 分，此分值介于中度受损和重度受损之间，而且日常生活活动的等级对最终老人失能等级起决定性作用。中度受损和重度受损对于老人的照护计划和政府补贴都是不同的，所以评估师要进行复评。

（5）评估师谈话用词应礼貌得体，声音响亮、发音清晰，使用老年人容易理解的词语进行询问，尽可能做到不使用专业用词、缩略词。如评估师应避免使用“现住地”等书面用词，可换为“您能告诉我您现在住哪里吗”。

（6）老年人作答语速较慢，评估师应做到不催促、不强迫、不诱导，耐心倾听。

（7）评估师可根据实际情况决定评估项目的询问顺序，不一定按照评估表顺序照本宣科。如与老人见面时，评估师可先询问：您今天感觉怎么样？最近身体情况如何？您平时一天都做些什么？通过这些开场白拉近与老人的距离，同时也可初步判断老人的认知。

（8）若遇到老人无理由不配合评估工作时，评估师可先与老人所在地民政单位进行沟通，视情况做出调整处理。

3. 评估后

（1）评估师应重点查看评估中出现逻辑校正的项目，保证不存在由主观错误导致的客观错误。

（2）评估师应与老年人本人及陪同人员就评估项目存在疑问的地方，再次与老年人、陪同人员进行沟通确认，确保评估结果符合老年人的真实能力水平。

（3）确定所有评估项目都完成且结果准确无误后，两名评估师和老人及陪同人员要签名确认，不会手写可以按手印。

（4）评估后，若发现老人有噎食、走失、自杀、跌倒等风险时，评估师应要告知家人或照护人，加强防范意识，避免意外发生。

第五节　养老评估师的职能及职业素养

一、养老评估师的职能

从机构层面来说，其养老评估师应具备制定养老机构评估制度、评估流程、服务项目、收费等级的能力，同时具有评估风险的能力。从个人层面来说，评估师应具备科学精准的评估能力，通过建立健康档案、撰写评估方案、实施评估来规避风险，同时根据评估结果撰写评估报告、划定评估等级、制订个性化的照护计划。

二、养老评估师的职业素养

为了确保能够公平公正、规范高效地开展老年人能力评估工作，评估师必须具备以下职业素养：

（1）具备出色的沟通能力，面对不同的被评估者，能够有效、明确地传达信息，认真倾听并正确地解读被评估者的回答，做出准确判断。

（2）了解并理解老年人的感受，尊重老年人、体会老年人的思想和情绪。

（3）具备良好的应变能力，面对突发情况，能够临危不乱、沉着冷静、专业正确地应对处理。

（4）充分理解评估工作的意义及自己的职责，重视团队协作，负责任地执行每项工作。

（5）积极主动，专业负责，具备充满爱心、耐心的职业精神。

（6）不断地实践、学习，与他人进行交流分享，提高自身业务水平。

（7）保密原则，尊重老人的隐私和信仰。

（8）强调个性化和非批判原则。

（9）强调老人的个人尊严和价值，提倡以人为本的理念。

参考文献

[1] 田兰宁. 老年人能力评估基础操作指南［M］. 北京：中国社会科学文献出版社，2016.

[2] 中华人民共和国民政部. 全国养老服务政策文件选编：2008—2010 年［M］. 北京：中国社会出版社，2010.

[3] 刘成玉. 健康评估［M］. 北京：人民卫生出版社，2014：56-158.

第二章　养老评估的实施过程

第一节　健康史评估

学习目标

1. 掌握健康史评估的方法和内容。
2. 掌握健康史评估方案的设计及评估报告的撰写技能。
3. 熟悉健康史评估的注意事项。
4. 了解健康史评估的目的和意义。
5. 具备制订评估方案的能力。

健康史评估即健康档案的建立，是养老机构实施老人评估的第一步，也是很关键的评估阶段。通过健康史评估，了解老人的基本资料及健康信息，是养老评估员制订评估方案的依据，同时也是养老机构在经营中规避风险的原始资料。

一、健康史评估的目的

健康史是对老人身体、躯体、心理及社会健康产生影响的相关事件，是建立初步评估的基础之一。健康史评估的目的是建立个人的健康档案，制订个性化的评估方案。作为养老评估师，通过学习健康史评估，应达到以下要求：

（1）掌握建立个人健康档案的方法。

（2）掌握健康史评估的指标及使用方法。

（3）能够制订评估方案。

（4）熟悉健康史评估的意义。

二、健康史评估的方法

健康史评估的主要方法是问诊。问诊是评估员与老人及有关人员交谈、询问，以获取其既往身心健康状况等健康史的方法。

1. 问诊的重要性

问诊是评估员与被评估者进行的一种具有明确的目标、有序的对话的过程，成功的问诊是确保健康资料完整性和准确性的关键。其重要性表现在：问诊是获取照护依据的重要手段；问诊是了解被评估者健康状况及照护需求的主要方法；问诊可为进一步评估提供线索。

2. 问诊的方法与技巧

问诊的方法和技巧与获取完整的健康信息、建立准确的健康档案有着密切的关系。其涉及评估员的沟通交流技能、医学知识、仪表礼节等多个方面。总之，行之有效的问诊方法与技巧，对评估员开展评估工作有着重要的作用。

问诊的方法与技巧主要体现在以下方面：

（1）评估员应营造轻松舒适的环境。

（2）评估员应多从简单、易回答的问题开始。

（3）评估员态度要诚恳友善。

（4）评估员应避免重复询问。评估员问诊时要注意系统性、目的性和必要性，避免出现杂乱无章的询问。

（5）评估员应避免使用有特定意义的医学术语，并尽量使用通俗易懂的语言。

（6）评估员应及时核对有疑问的情况。

（7）评估员应根据情况采取封闭式提问或开放式提问，如表 2-1 所示。

表 2-1　提问的方式

提问方式	解析
封闭式提问	被评估者可用“是”或“否”回答；有强烈的暗示性
开放式提问	被评估者需要详细回答，提问不具有暗示性

（8）评估员应合理运用肢体语言，如眼神交流、抚摸、轻拍肩膀等。

（9）评估员应巧用过渡性语言，适时过渡，让老人在交谈过程中有参与感，使老人感受到评估过程的条理性以及严谨性。

（10）评估员应适时切入（回归）主题，对一些健谈的老人，要适时地将主题切回到既定的评估中。

（11）分析与综合。评估员要不断地思考、分析、综合、归纳病人所陈述的信息的内在联系，分清主次，去伪存真，这样的健康资料才有价值。

三、健康史评估的注意事项

1. 选择合适的时间

健康史评估的内容及其时间的选择应考虑老人的情绪和状态，评估员应选择老人精神状态和情绪良好的时间，这样才有助于获取真实的资料。

2. 选择良好的谈话环境

评估员应选择安静、舒适和私密性比较好的环境，光线和温度要适宜。建议评估机构设立特定的评估室。

3. 选择适宜的人际沟通方式

养老评估的主要评估对象是老人，老人的听力、视力、记忆力等功能一般都有减退，评估时评估员应注意设问简单、通俗，语速要慢，若老人有情绪障碍，应多关心、鼓励、安慰老人。

4. 注意非语言沟通

评估过程中，评估员应注意运用必要的手势，保持适当的距离，适当地点头和应答。

5. 不要有不良的刺激

评估时评估员要避免对老人有不良刺激的语言和表情，如皱眉、摇头、脚不停地踩地板等，否则会增加老人的思想负担。

6. 注意保护老人隐私

对于一些私密问题，评估员应注意避开外人进行询问。此处所说的外人不只包括其他老人、其他工作人员，一些情况下也包括老人家属。

7. 不随意打断老人谈话

评估员一般应不随意打断老人的谈话，以免引起老人反感。

8. 避免套问及诱问

9. 充分尊重老人

评估员应充分尊重老人，使尊重贯穿整个评估过程。

10. 全程眼神交流

评估员应注意与老人的互动和眼神的交流，给予老人充分关注。

四、健康史评估的内容

1. 一般资料

一般资料包括老人姓名、性别、年龄、民族、编号、出生地、入院方式、入院状态、辅助道具、职业、文化程度、宗教信仰、评估日期等。性别、年龄、职业等可为某些疾病和生活习惯的评估提供有用的信息，文化程度、宗教信仰等有助于了解老人对生活、健康的态度及价值观。同时，资料应注明其来源及可靠程度。

2. 既往史

既往史包括老人的患病史、传染病史、过敏史等基本信息，这些健康信息作为老年人能力评估等级划分的参考因素。

3. 日常生活状况

日常生活状况包括老人的膳食偏好、进食方式、吸烟喝酒及药物使用情况等信息。评估员以此信息初步判断老人的自理能力及饮食喜好。

4. 精神心理状况

精神心理状况包括老人的意识水平、精神情况、沟通交流、情绪等信息。

5. 社会状况

社会状况包括老人的家庭关系、婚姻状况、居住情况、社会交往能力、业余爱好等信息。

五、健康史评估的步骤

1. 提交体检报告或住院检查结果

根据老人的基本健康状况，明确其体检项目，评估员应告知老人需要提交二甲以上医院的体检报告或住院检查结果（见表 2-2）。需要注意的是老人所提交的体检报告是近一个月内的。

表 2-2　体检项目一览表

体检项目	项目筛查	备注（强调注意事项及核心内容）
一般检查（身高、体重、血压、空腹血糖、生命体征）		
血常规 9 项		
尿常规		
大便常规		
肝功常规（乙肝两对半、胆红素 3 项）		
肾功 3 项		
类风湿因子		
血脂两项		
心电图		
心脏彩超		

表2-2(续)

体检项目	项目筛查	备注（强调注意事项及核心内容）
胸部CT/胸透		
B超检查（肝、胆、胰、双肾、膀胱）		
心脏、颈部动脉彩超		
外科常规（男性：前列腺）		
内科常规		
骨密度		
其他		

2. 建立健康档案

填写量表1（见附件）的内容。

案例导学与分析

案例导学

某男性，90岁，退休工人，小学文化，丧偶，偶尔吸烟已经持续二三十年了，现在不饮酒，患有高血压，且患病有6~7年时间了。老人表示自己的儿子也患有高血压，父子俩长期服用高血压药物硝苯地平。老人大便能自控，小便排尿困难，因为患有前列腺疾病，曾经因前列腺疾病住院治疗，住院治疗期间，老人比较抗拒，因为一直以来身体都比较好，没怎么进过医院。该老人的生活可以自理，能自己进食、洗漱、洗澡，搀扶拐杖能独自行走，独自上下床也没问题，但由于年纪稍大，上下楼梯需要搀扶扶手。饮食喜好方面，咀嚼功能降低，喜欢吃软饭或稀饭，食欲正常，自己比较注重养生，晚饭会适当地减少饭量，基本上不吃动物油。老人晚上睡觉易醒，白天吃了午饭习惯睡午觉。平常在家，老人上午会自己走去镇上，和同龄老年人一起打牌，头脑很清晰，打牌算账也很好。但最近一个月，老人常常会有头晕的现象，就隔两三天才会出去打牌。由于身体出现不适，老人出现焦虑的现象，每看到一个亲人，就会说："人老了，不中用了，经常会头晕，自己可能活不了多久了，现在社会这么好，给我们搬了小区，但我都还没住过新房子。"但是当亲人安慰一下他，夸夸他，鼓励他，他就会哈哈大笑，微微点头表示认可。老人平常也没什么烦恼，子女孙子都很孝顺，逢年过节都会去看他，所以总体来讲老人过得比较幸福。

分析

请根据以上案例，填写该老人的健康档案表，并撰写评估方案。

3. 设计评估方案

结合健康档案及体检报告，评估员审核资料的准确度，并以此为依据设计评估方案，包括评估内容、评估方式（首次评估、例行评估、引发式评估）（见附件量表1、量表2）。

附件：量表1　养老评估方案

养老评估方案

姓名________ 性别 □男 □女 年龄________ 民族______ 编号________

联系电话________________________

健康史评估结果

健康史	日常生活状况	精神心理	社会状况

评估方式

根据健康史评估的结果为老人规划评估方式，包括首次评估、例行评估、引发式评估的项目和时间

首次评估	
例行评估	
引发式评估	

评估人：__________

日　期：__________

附件：量表 2　健康档案记录表

健康档案记录表

一般资料

姓名________ 性别 □男 □女 年龄________ 民族______ 评估编号________

评估原因：□第一次评估 □常规评估 □状况变化后评估

信息提供者____________ 与老人的关系______________ 联系电话______________

通信地址____

入院方式：□步行 □扶行 □轮椅 □担架 □其他

入院状态：□清醒 □嗜睡 □昏睡 □昏迷

曾经的职业：□工人 □专业技术人员 □公司人员 □行政管理人员

□商业、服务业人员 □农民 □其他

文化程度：□文盲 □小学 □初中 □高中及中专 □大专及以上

宗教信仰：□无 □佛教 □基督教 □伊斯兰教 □其他________

日期/时间____________

既往史

既往患病/住院史：□无 □有（描述：____________________）

传染病史：□无 □有（描述：____________________________）

手术/外伤史：□无 □有（描述：__________________________）

过敏史：□无 □食物（描述：__________________________）

□药物（描述：__________________________）

□其他（描述：__________________________）

日常生活状况

进食方式：□正常 □鼻饲 □空肠造瘘 □全静脉营养 □其他______

常用的烹调方式：□拌 □腌 □卤 □炒 □烧 □煎 □炸 □炖 □煮 □煲

膳食种类：□普食 □软饭 □半流质 □流质 □治疗膳食__________

膳食喜好：□大米 □面粉 □猪肉 □牛肉 □鱼虾类 □蛋类

□植物油 □动物油 □时蔬 □禁忌__________

食欲：□正常 □增加 □亢进 □下降 □畏食

排尿：□正常 □异常

排便：□正常 □失禁 □便秘

疼痛：□无 □有

压疮：□无 □有（__ 期，部位/围________________）

跌倒：□无 □有

量表2(续)

吸烟：□无　已戒____年
□偶吸　□大量：____支/天　已吸____年
饮酒：□无　已戒____年
□偶饮　□大量：____两/天　已饮____年
语言禁忌：□无　□有（__________________）
药物依赖：□无　□有（药名/剂量 __________________________）

精神心理状况

认知水平：□正常　□异常倾向　□严重异常
沟通交流：□正常　□异常
情绪：□镇静　□易激动　□焦虑　□恐惧　□悲哀　□其他________________
遇到困难最愿意向谁倾诉：□父母　□子女　□自己内化　□亲朋好友
□配偶　□其他________
精神情况：□正常　□抑郁　□精神分裂　□攻击行为　□其他______

社会状况

家庭关系：□和睦　□冷淡　□紧张
婚姻状况：□未婚　□已婚　□离婚　□丧偶　□其他______________________
居住情况：□独居　□与家人同住　□与亲友同住　□老人院　□其他__________
社会交往情况：□正常　□较少　□回避
业余爱好：□棋牌　□书法　□唱歌　□跳舞　□旅游　□体育锻炼
□其他__________________________________

参考文献

[1] 曾贵峰，雷迅文，罗丽芳，等. 突出实践教学 培养应用型人才：健康评估实践教学的探索［J］. 卫生职业教育，2014，32（22）：67-68.

[2] 潘红宁，卞龙艳，朱慧. 健康评估实践教学考试及考核［J］. 卫生职业教育，2005（10）：107.

[3] 段朝艳. 健康评估会谈实训环节设计［J］. 母婴世界，2017（23）：226-227.

[4] 巨梅. 护士对健康史评估的方法与技巧［A］// 甘肃省中医药学会. 甘肃省中医药学会2010年会员代表大会暨学术年会论文汇编［C］. 兰州：甘肃省中医药学会，2010：2.

[5] 刘成玉. 健康评估［M］. 北京：人民卫生出版社，2014：56-15.

第二节　身体状况评估

学习目标

1. 掌握身体状况评估的方法和评估量表的使用。
2. 熟悉身体状况评估的注意事项。
3. 熟悉身体状况评估的内容。
4. 了解身体状况评估的目的和意义。
5. 掌握撰写身体状况评估报告的技能。
6. 具备对老人实施身体评估并确定风险因素的能力。

身体状况评估是指评估员通过自身的感官或借助某些器械运用一些检查手法来了解被评估者身体状况的一种方法。身体状况评估方法通常以问诊为主，视诊、触诊为辅。通过身体状况评估的方法，评估员可以了解被评估者的身体状况并根据该方法收集到的信息进行风险评估，并针对不同的老人制订个性化的照护计划，从而帮助养老机构规避照护不同老年人的风险。

一、评估的目的

身体状况评估是指评估员通过一些检查手段对老年人全身生理健康状况进行一个评估，它既可以对老人机能状态进行评估，还能进一步支持和验证健康史中采集到的信息。其内容包括对一般身体状况生命体征、营养发育等一般情况及疾病情况进行评估。评估员可以利用问诊、视诊及触诊等方式对被评估者的身体状况进行评估。其目的及意义主要是以下两个方面：

其一是为了进一步验证健康史问诊中所获得的信息，从而使我们搜集到的数据的可信度更高。

其二是能够对被评估者的身体健康状态有一个系统的了解，进而针对不同的老人制订个性化的照护计划，从而帮助养老机构规避照护不同老年人的风险。

通过学习，评估员若要对老人的身体状况进行评估，应达到以下要求：

（1）掌握身体状况检查的方法及注意事项。

（2）掌握身体状况评估报告的撰写并制订个性化的照护计划。

（3）熟悉各项检查指标的意义。

（4）了解一些老年人常见疾病的临床表现。

（5）了解相关的医学术语。

（6）能根据身体状况评估内容完善相关评估量表。

二、评估的方法

评估方法有视诊和触诊，以及借助体温计、血压计等器械进行检查。评估员可以交替使用以上几种方式来获得有效的信息。

1. 视诊法

视诊法指的是评估人员通过视觉了解老人全身或局部状态有无异常的检查方法，包括全身视诊和局部视诊。通过全身视诊，如性别、发育、面容、体位和步态等，评估员可了解老人的全身状况；通过局部视诊，如皮肤黏膜的颜色、皮疹、皮下出血等，评估员可了解老人身体局部的改变。

2. 触诊法

触诊法是指评估人员通过手与被评估部位接触后的感觉或被检查者的反应，去发现有无异常的评估方法。触诊既可以进一步明确视诊发现的一些异常现象，还可以发现一些视诊所不能发现的体征，如体温、湿度等。人体不同部位对触觉的灵敏度是不同的，其中以指腹和掌指关节的掌面最为敏感。

三、评估的注意事项

养老评估师在评定老人身体健康状态时会通过视诊、触诊等方式，因此在评估的过程中，我们应当注意以下事项：

（1）评估员应确保诊室环境安静、舒适且具有私密性，温度适宜，视诊最好是在自然光线的环境下，如自然光线不足，也可借助于日光灯，此外，还须注意避开有色光源和颜色深的景物干扰。

（2）评估员着装整洁，举止端庄，态度和蔼，视情况进行一些检查前的交流，使用拉家常的语气，语言口语化，避免审问式的询问。

（3）评估员应在评估前先向老人说明自己的身份、检查的目的与要求，以取得老人的合作，同时尽可能当着老人的面洗净双手，消毒或戴一次性手套。

（4）评估员站于老人右侧，充分暴露老人的受检部位，按一定的顺序，动作轻柔、准确、规范，检查内容完整而有重点，在评估的整个过程中要观察老人的反应，判断老人回答问题的真实性。

（5）评估员应在评估过程中手脑并用，边检查边思考。

（6）评估结束，后评估员应就评估结果向老人做必要的解释和说明。

（7）评估员应始终保持对老人的尊重与关爱。

四、评估的内容

身体状况评估的内容主要包括一般身体状况、生命体征评估、营养发育状况评估、皮肤状况评估、疾病情况评估。身体状况评估具体内容如下：

1. 一般身体状况

（1）视力。视力是老人全身状态评估的重要指标之一，主要评估的是老人视力是否下降，如有下降，则需评估下降的情况。若老人平日戴老花镜或近视镜，则应在其佩戴眼镜的情况下实施评估。建议评估员询问视力障碍病史，评估双眼视力障碍情况，询问有无配镜史。视力评估在老年综合评估中只是初筛有无视力障碍，若有，则需评估其视力障碍是否会加剧跌倒等老年综合征的发生。评估员若需要明确引起视力障碍的病因，则应建议老人做进一步眼科专科诊治。

（2）听力。听力是老人全身状态评估的重要指标之一，主要评估的是老人听力是否下降，如有下降，则需评估下降的情况。若老人平时佩戴助听器，则应在其佩戴助听器的情况下实施评估。建议评估员询问听力障碍病史，评估双耳听力障碍情况，询问有无戴助听器。评估员若需要明确引起听力障碍的病因，则应建议老人做进一步五官科专科诊治。

（3）嗅觉。嗅觉是一种感觉。50 岁以上的人嗅觉逐渐下降。嗅觉评估主要是通过被检查者嗅白水、白酒、白醋来进行的。近年的研究表明，嗅觉异常可能是某些疾病的信号。评估员若需要明确引起嗅觉障碍的病因，则应建议老人做进一步五官科专科诊治。

（4）触觉。皮肤触觉感受器接触机械刺激产生的感觉，称为触觉。评估员通过让老人触摸冷水、温水等来判断老人是否存在触觉功能障碍。

（5）口腔。评估员可以通过视诊并结合体检报告观察老人是否有义齿以及是否有牙龈出血、龋齿、压痛等牙科常见疾病。

（6）空腹血糖。评估员可以利用血糖仪器检测被检查者空腹血糖，进而评估老年人的血糖情况。空腹血糖值正常则提示机体糖代谢功能正常，异常则提示被检查者糖代谢功能障碍，如低血糖、高血糖或糖尿病。

（7）睡眠。评估员通过问诊询问老人睡眠情况，来判定老年人身体功能是否健康。睡眠质量好的老人通常身体健康，睡眠质量差则提示老人可能出现了生理或是心理健康问题。

2. 生命体征评估

生命体征包括体温、脉搏、呼吸、血压，是身体状况评估必不可少的项目。它们是维持机体正常活动的支柱，缺一不可，不论哪项异常都会导致严重甚至致命的疾病，同时某些疾病也可导致这四大体征发生变化甚至恶化。因此，判断它们正常或异常对于评估一个老人的健康是非常重要的。

（1）体温。人体内部的温度称体温。人体保持恒定的体温，是保证新陈代谢和生命活动正常进行的必要条件。体温是物质代谢转化为热能的产物。评估者可以通过电子体温计测量老人体温，正常腋下体温为36.0℃~37℃ 。低于正常值为体温过低，高于正常值为发热。

（2）脉搏。脉搏为人体表可触摸到的动脉搏动。正常的脉搏次数为60~100次/分，低于正常值为心动过缓，超过正常值为心动过速。

（3）呼吸。呼吸是指机体与外界环境之间气体交换的过程。正常的呼吸频率为16~20次/分。

（4）血压。血压是指血液在血管内流动时作用于单位面积血管壁的侧压力，它是推动血液在血管内流动的动力。正常血压为90mmHg<收缩压<140mmHg、60mmHg<舒张压<90mmHg，超过正常值则考虑高血压，低于正常值则考虑低血压。

3. 营养发育情况评估

营养发育情况评估内容包括测量老人的身高、体重、计算BMI值（身体质量指数）。发育状态内容包括体型、面容、年龄、智力，脊柱是否有侧弯等。通过对老年人营养发育情况进行评估，评估员可以初步了解被检查者目前健康状况。

（1）身高、体重、身体质量指数（BMI）。通过测量身高、体重并计算出BMI值，评估员可以用来判断该检查者的指标是否在正常范围，BMI正常值为18.5~29.9，低于正常值评估员可以判定老人体型偏瘦，超过正常值判定为肥胖。同时评估员还可以利用BMI值对被检查者发育情况做出诊断，此外还可以结合被检查者的其他检查指标对老人做出一些个性化的护理预案。

（2）发育。发育是否正常，应联系年龄、智力、体格成长状态进行综合评价。发育与种族遗传、地区、内分泌、营养代谢、生活条件和体育锻炼等多种因素密切相关。发育正常者的年龄、智力与体格成长状态均衡一致。

（3）体型。体型是身体各部发育的外观表现，包括骨骼、肌肉、脂肪分布的状态。

（4）营养。营养与食物的摄入、消化、吸收和代谢等因素密切相关，可作为评估健康和疾病程度的标准之一。

4. 皮肤状况

许多疾病在病程的发展过程中会伴有多种皮肤病变和反应。因此对皮肤状况的检查就成了诊断某些疾病的重要方法。皮肤评估方法以视诊为主，触诊为辅。评估的内容有皮疹、皮下出血、蜘蛛痣、肝掌、水肿、压疮。

（1）皮疹。皮疹的种类很多，常见于传染病、皮肤病、药物及其他物质所致的过敏反应等，如玫瑰疹、丘疹等。

（2）皮下出血。皮下出血常见于造血系统疾病、重症感染、某些血管损害性疾病及药物、食物中毒等。在检查时评估者应该记录皮下出血的部位、颜色、大小。皮下出血部位小于2mm称为瘀点，3~5mm称为紫癜，大于5mm称为瘀斑，片状出血并伴有皮肤显著隆起称为血肿。

（3）蜘蛛痣与肝掌。其发生与肝脏对雌激素的灭活作用减弱有关，常见于急性、慢性肝炎或肝硬化。

（4）水肿。水肿是指皮下组织的细胞内及组织间隙内液体积聚过多。临床上常见于慢性代谢障碍患者，如心脏功能不全者、肾功能不全者等。评估时评估员需观察水肿的部位和水肿的性质，例如水肿仅见于眼睑、眶下软组织，胫骨前、踝部的皮下组织，指压后可见组织轻度凹陷，则判定为轻度水肿；若全身疏松组织均有可见性水肿，指压后可出现明显的或较深的组织凹陷，平复缓慢则为中度水肿；若全身组织严重水肿，身体低垂部皮肤紧张发亮，甚至可有液体渗出，有时可伴有胸腔、腹腔、鞘膜腔积液则为重度水肿。

5. 疾病情况评估

疾病情况的评估内容包括高血压、冠心病、哮喘、慢性肺心病、慢性阻塞性肺疾病（COPD）、糖尿病、高脂血症、类风湿性关节炎、痛风、骨质疏松、老年痴呆、失智症、肺结核、乙肝、恶性肿瘤等。

（1）高血压。成人在安静、清醒的条件下用标准测量方法，至少 3 次非同日血压的收缩压达到或超过 140mmHg 和（或）舒张压达到或超过 90mmHg 为高血压。临床主要表现为头痛、头晕、疲劳、心悸、耳鸣等，可伴有心、脑、肾等器官的功能性或器质性损害的临床综合征。高血压是最常见的慢性病，也是心脑血管病最主要的危险因素。

（2）冠心病。冠状动脉粥样硬化性心脏病是冠状动脉血管发生动脉粥样硬化病变而引起血管腔狭窄或阻塞，造成心肌缺血、缺氧或坏死而导致的心脏病，常常被称为“冠心病”。临床主要表现为突感心前区疼痛。但是冠心病的范围可能更广泛，还包括炎症、栓塞等导致管腔狭窄或闭塞的疾病。

（3）哮喘。哮喘又名支气管哮喘。支气管哮喘是由多种细胞及细胞组分参与的慢性气道炎症，此种炎症常伴随反复发作的喘息、气促、胸闷和（或）咳嗽等症状，多在夜间和（或）凌晨发生，此类症状常伴有广泛而多变的气流阻塞，可以自行或通过治疗而逆转。

（4）慢性肺心病。慢性肺源性心脏病（简称肺心病）主要是由支气管—肺组织、肺血管或胸廓的慢性病变导致的肺动脉高压引起的心脏病。临床主要表现为慢性咳嗽、呼吸困难、乏力和活动耐力下降等。

（5）慢性阻塞性肺病。这是一种具有气流阻塞特征的慢性支气管炎和（或）肺气肿，可进一步发展为肺心病和呼吸衰竭的常见慢性疾病。它与有害气体及有害颗粒的异常炎症反应有关，致残率和病死率很高，主要症状有慢性咳嗽、活动后心悸、呼吸困难、乏力等。全球 40 岁以上的人发病率已高达 9%~10%。

（6）糖尿病。糖尿病是一组以高血糖为特征的代谢性疾病。高血糖是由胰岛素分泌缺陷或其生物作用受损，或两者兼有引起。长期存在的高血糖，会导致各种组织，特别是眼、肾、心脏、血管、神经的慢性损害、功能障碍。糖尿病常见症状有多饮、多尿、多食和消瘦、乏力等。

（7）高脂血症。血脂水平过高，可直接引起一些严重危害人体健康的疾病，如动脉粥样硬化、冠心病、胰腺炎等。

（8）类风湿性关节炎。这是一种病因未明的慢性、以炎性滑膜炎为主的系统性疾病。其特征是手、足小关节的多关节、对称性、侵袭性关节炎症，经常伴有关节外器官受累及血清类风湿因子阳性，可以导致关节畸形及功能丧失。常见症状有关节僵硬、关节变形，疼痛等。

（9）痛风。痛风发生的原因是高尿酸症，高尿酸症导致关节出现疼痛，关节红、肿、热、痛，甚至影响活动，这是一个需要长期管理的疾病。痛风常见症状有病变部位疼痛，常在食用含高嘌呤类食物后发作。

（10）骨质疏松。这是由多种原因引起的一组骨病，以骨骼疼痛、易于骨折为特征。

（11）老年痴呆即失智症。这是一种起病隐匿的进行性发展的神经系统退行性疾病。临床上以记忆障碍、失语、失用、失认、视空间技能损害、执行功能障碍以及人格和行为改变等全面性痴呆表现为特征，病因迄今未明。65 岁以前发病者，称早老性痴呆；65 岁以后发病者称老年性痴呆。其常见症状有记忆力减退，尤其是记不清近期发生的事情以及不认识人等。

（12）肺结核。结核病是由结核分枝杆菌引起的慢性传染病，可侵及许多脏器，以肺部结核感染最为常见。排菌者为其重要的传染源。人体感染结核菌后不一定发病，当抵抗力降低或细胞介导的变态反应增高时，才可能引起临床发病。若能及时诊断，并予合理治疗，大多患者可获临床痊愈。

（13）乙肝。慢性乙型肝炎（简称乙肝）是指乙肝病毒检测为阳性，病程超过半年或发病日期不明确而临床有慢性肝炎表现者。临床表现为乏力、畏食、恶心、腹胀、肝区疼痛等症状。肝大，质地为中等硬度，有轻压痛。病情重者可伴有慢性肝病面容、蜘蛛痣、肝掌、脾大，肝功能可能会持续异常。常见症状有低热（午后为主）、盗汗、乏力、纳差、消瘦、咳嗽、咯血等。

（14）恶性肿瘤。在医学上，癌（cancer）是指起源于上皮组织的恶性肿瘤，是恶性肿瘤中最常见的一类。癌症的发生与吸烟、感染、职业暴露、环境污染、不合理膳食、遗传因素密切相关。常见症状有疼痛、不明原因的体重严重下降、食欲不振、恶病质、大量出汗（夜间盗汗）、贫血、乏力等。

五、评估标准

身体状况评估的各项评估标准见表 2-3。

表 2-3　身体状况评估标准

评估项	指标	结果	评估标准
一般身体状况	视力	正常	能看清报纸上的标准字
		异常	看不清报纸上的标准字：①能辨物体；②能辨光和颜色、形状；③没有视力
	听力	正常	被试者能正常交谈，几乎不需要评估员重复问题或大声提问
		异常	①大声说话才能听见；②大声说话部分听见；③完全听不见
	嗅觉	正常	通过检测，老人能区别出相应物品的味道，如酒、醋等
		异常	通过检测，老人不能区别出相应物品的味道
	触觉	正常	通过检测，老人能识别出相应物品的感觉，如温度
		异常	通过检测，老人不能识别出相应物品的感觉
	口腔	正常	通过检查未见明显异常
		异常	充血、出血、溃疡、龋齿、义齿
	血糖	正常	空腹静脉血糖值正常（3.9~6.1 mmol/L）
		异常	①空腹静脉血糖值 5.6~6.1 mmol/L，空腹血糖受损 ②空腹静脉血糖值>7.0 mmol/L，高血糖 ③空腹静脉血糖值<2.8 mmol/L，低血糖
	睡眠	正常	能快速入睡且不易惊醒或醒后能再次入睡
		异常	不能快速入睡或入睡后易醒
生命体征	体温	36℃~37℃	正常
	呼吸	16~20 次/分	正常
	脉搏	60~100 次/分	正常
	血压	90mmHg<收缩压<140mmHg、60mmHg<舒张压<90mmHg	正常
营养与发育状况	体重指数（MBI）	18.5~23.9	正常
	发育	正常	身体结构比例适中
		异常	体高肌瘦，颈、四肢细长、肩窄、胸廓扁平； 体格粗壮、颈、四肢粗短、肩宽、胸围大
	营养	良好	BMI 值在 18.5~23.9
		中等	BMI 值在 23.9~27.9
		不良	BMI 值<18.4

表2-3(续)

评估项	指标	结果	评估标准
皮肤状况评估	皮疹	无	体格检查未发现明显皮疹
		有	体格检查发现明显皮疹
	皮下出血	无	体格检查未发现皮下出血
		有	体格检查发现麻疹、水痘、疱疹、风疹等
	蜘蛛痣	无	体格检查未发现蜘蛛痣
		有	体格检查发现蜘蛛痣
	肝掌	无	体格检查未发现肝掌
		有	体格检查发现肝掌
	水肿	无	体格检查未发现皮肤及皮下组织液体潴留
		有	体格检查发现躯体有皮肤及皮下组织液体潴留
疾病状况评估	高血压	无	血压检查处于正常值
		尚可	年龄≥60 岁，老年人血压<150/90mmHg
		严重	年龄≥60 岁，老年人血压>150/90mmHg
	冠心病	无	心脏正常
		尚可	患有冠心病但是体力活动不受限制，日常活动未引起心脏功能不全的表现或体力活动轻度受限制，一般活动可引起乏力、心悸和呼吸困难等症状，但休息或服用药物后好转
		严重	体力活动明显受限制，轻度活动即可引起乏力、心悸和呼吸困难等症状或体力活动重度受限制，病人不能从事任何活动，即使在休息时也可出现心衰的各种症状和体征
	哮喘	无	无哮喘发病史
		尚可	患者白天症状>2 次/周，或有轻微活动受限，或有夜间症状/憋醒，或使用缓解药的次数>2 次/周，或肺功能较正常，或每年急性发作次数≥1 次
		严重	一周内服用药物缓解次数≥3 次且每周疾病发作次数>1 次
	肺心病	无	无肺心病病史
		尚可	肺心病患者轻度或中度劳动即感呼吸困难并伴有轻度或中度紫绀
		严重	肺心病患者静息时即感呼吸困难并伴有重度紫绀

表2-3(续)

评估项	指标	结果	评估标准
疾病状况评估	慢性阻塞性肺部疾病	无	无慢性阻塞性肺部疾病病史
		尚可	患者咳嗽、咳痰、气短等症状稳定或症状较轻
		严重	患者短期内咳嗽、咳痰、气短或喘息加重，痰量增多，呈脓性或黏脓性，可伴有发热等炎症明显加重的表现
	糖尿病	无	无糖尿病病史
		尚可	血糖：空腹<5. 6~6. 1mmol/L 或非空腹<10. 0mmol/L，或糖化血红蛋白<7. 0，或血压、血脂正常
		严重	血糖：空腹>4. 4~7mmol/L 或非空腹大于 10. 0mmol/L，或糖化血红蛋白>7. 0 且血压、血脂异常
	高脂血症	无	无高脂血症病史
		尚可	症状判断： 头晕、神疲乏力、失眠健忘、肢体麻木、胸闷、心悸。 生化指标判断： 无动脉粥样硬化疾病，也无冠心病危险因子者：TC<5. 72mmol/L（220mg/dl），TG<1. 70mmol/L（150mg/dl），LDL-C<3. 64mmol/L（140mg/dl）。②无动脉粥样硬化疾病，但有冠心病危险因子者：TC<5. 20mmol/L（200mg/dl），TG<1. 70mmol/L（1. 0mg/dl），LDL-C<3. 12mmol/L（120mg/dl）。③有动脉粥样硬化疾病者：TC<4. 68mmol/L（180mg/dl），TG<1. 70mmol/L（150mg/dl），LDL-C<2. 60mmol/L（100mg/dl）
		严重	症状判断： 头晕目眩、头痛、胸闷、气短、心慌、胸痛、乏力、口角歪斜、不能说话、肢体麻木等。 生化指标判断： ①无动脉粥样硬化疾病，也无冠心病危险因子者：TC>5. 72mmol/L（220mg/dl），TG>1. 70mmol/L（150mg/dl），LDL-C>3. 64mmol/L（140mg/dl）。②无动脉粥样硬化疾病，但有冠心病危险因子者：TC>5. 20mmol/L（200mg/dl），TG>1. 70mmol/L（1. 0mg/dl），LDL-C>3. 12mmol/L（120mg/dl）。③有动脉粥样硬化疾病者：TC>4. 68mmol/L（180mg/dl），TG>1. 70mmol/L（150mg/dl），LDL-C>2. 60mmol/L（100mg/dl）

表2-3(续)

评估项	指标	结果	评估标准
疾病状况评估	类风湿性关节炎	无	无类风湿性关节炎病史
		尚可	患者目前临床症状不明显，能够完成日常活动，或患者有典型的临床表现但能从事正常活动，但有1个或多个关节活动中度受限
		严重	患者临床症状明显，但只能胜任一般活动或自理生活中的一部分（显著受限），或大部分甚至完全丧失活动能力，需要长期卧床或依赖轮椅，很少或不能生活自理（卧床或轮椅）
	痛风	无	无痛风病史
		尚可	患者急性发作次数≤1次/年，疾病发作时有疼痛但可以忍受，生活正常，睡眠无干扰
		严重	发病次数>2次/年，发作时疼痛明显，不能忍受，要求服用镇痛药物，睡眠受干扰
	骨质疏松	无	无骨质疏松患病史
		尚可	临床症状不明显或疼痛较轻，能耐受，不影响日常生活且T值>-2.5
		严重	临床症状明显，或疼痛不能耐受，伴有骨骼变形，影响日常生活且T值<-2.5
	老年痴呆	无	无老年痴呆病史
		尚可	患者记忆力、定向力、计算力、回忆能力较正常人减弱
		严重	患者记忆力、定向力、计算力、回忆能力较正常人差。甚至记忆力严重减退，只能记忆片段，维持对人的定向力，不能做判断或解决问题，不会掩饰自己无力独自处理工作、购物等活动窘境，外观可以看出病情严重，无法在外活动，无法做家务且个人生活需要依赖他人，经常大小便失禁
	肺结核	无	无肺结核病史
		进展期	新发现的活动性肺结核，随访中病灶增多增大，出现空洞或空洞扩大，痰菌检查转阳性，发热等临床症状加重
		好转期	随访中病灶吸收好转，空洞缩小或消失，痰菌转阴，临床症状改善
		稳定期	空洞消失，病灶稳定，痰菌持续转阴性（1个月1次）达6个月以上；或空洞仍然存在，痰菌连续转阴1年以上

表2-3(续)

评估项	指标	结果	评估标准
疾病状况评估	乙肝	无	无乙肝病史
		传染期	有临床表现或无临床表现但血清学检测提示 HBsAg(+)、抗-HBsAg(-)、HBeAg(+)、抗-HBeAg(-)、抗-HBcAg(+)或 HBsAg(+)、抗-HBsAg(-)、HBeAg(+)、抗-HBeAg(-)、抗-HBcAg(-)或 HBsAg(+)、抗-HBsAg(-)、HBeAg(-)、抗-HBeAg(+)、抗-HBcAg(-)
		携带者	无临床表现但血清学提示 HBsAg(+)、抗-HBsAg(-)、HBeAg(-)、抗-HBeAg(-)、抗-HBcAg(+))

六、评估报告的撰写

身体状况评估结果

姓名________ 性别 □男 □女 年龄________ 民族______ 编号__________

联系电话_________________________

身体状况评估结果

一般身体评估	生命体征	营养发育情况	皮肤状况	疾病情况

身体状况评估结论

注：评估师填写整体评估的结论并给出一些建议

评估人：__________

日　期：__________

附件：量表3　体重指数（BMI）的评估标准

体重指数（BMI）的评估标准

WHO（世界卫生组织）标准		中国标准	
等级	BMI值	等级	BMI
肥胖Ⅲ级	>40	肥胖	≥28.0
肥胖Ⅱ级	30~40	超重	24.0~27.9
肥胖Ⅰ级（超重）	25~29.9	正常值	18.5≤BMI≤23.9
正常值	18.5≤29.9	体重过低	<18.4
蛋白质-热量营养不良Ⅰ级	17.0~18.4		
蛋白质-热量营养不良Ⅱ级	16.0~16.9		
蛋白质-热量营养不良Ⅲ级	<16.0		

体制指标：（BODYmassindex，BMI）被公认为反映蛋白质-能量营养不良以及肥胖症的可靠指标。其计算公式为：BMI=［体重（kg）］/［身高（m）］^{2}。

由于老年人脊柱生理性弯曲无法测量出准确的身高，因此在老年人群中使用BMI值的敏感度不佳。

量表4　身体状况评估表

身体状况评估表

一般身体状况

视力 □正常 □异常（描述：______________________________）

听力 □正常 □异常（描述：______________________________）

嗅觉 □正常 □异常（描述：______________________________）

触觉 □正常 □异常（描述：______________________________）

口腔 □正常 □异常（描述：______________________________）

血糖 □正常 □异常（描述：______________________________）

睡眠 □正常 □尚可 □差

生命体征

体温______℃　呼吸_____次/分　脉搏_____次/分　血压__________mmHg

营养发育状况

身高________cm　体重_______kg　MBI_______

发育 □正常 □异常（描述：______________________________）

体型 □正常 □异常（描述：______________________________）

营养 □良好 □中等 □不良

量表4(续)

皮肤状况

皮疹：□无 □有（描述：________________________________）

皮下出血：□无 □有（描述：________________________________）

蜘蛛痣：□无 □有（部位描述：________________________________）

肝掌：□无 □有（部位描述：________________________________）

水肿：□无 □有（部位/性质/度：________________________________）

其他：□无 □有（描述：________________________________）

疾病情况

高血压	□无	□尚可	□严重	
冠心病	□无	□尚可	□严重	
哮喘	□无	□尚可	□严重	
肺心病	□无	□尚可	□严重	
慢性阻塞性肺疾病	□无	□尚可	□严重	
糖尿病	□无	□尚可	□严重	
高脂血症	□无	□尚可	□严重	
类风湿性关节炎	□无	□尚可	□严重	
痛风	□无	□尚可	□严重	
老年痴呆	□无	□尚可	□严重	
肺结核	□无	□进展期	□好转期	□稳定期
乙肝	□无	□传染期	□携带者	

参考文献

[1] 朱静. 痛风病人的疼痛护理 [J]. 全科护理，2012，10 (24)：2228-2229.

[2] 刘成玉. 健康评估 [M]. 北京：人民卫生出版社，2014：56-158.

[3] 路依婷. 上海市居家养老服务评估指标体系的构建 [D]. 上海：上海交通大学，2007.

[4] 佚名.《中国老年高血压管理指南2019》治疗要点 [J]. 实用心脑肺血管症杂志，2019，27 (4)：7.

[5] 戴伦. 结合国情，借鉴先进，脚踏实地，稳中求进：阅读《中国高血压防治指南2018年修订版（征求意见稿）》后的一些浅见 [J]. 中华高血压杂志，2019，27 (4)：306-309.

[6] 王辰，王建安. 内科学 [M]. 北京：人民卫生出版社，2015：43.

第三节 躯体功能评估

学习目标

1. 掌握日常生活活动能力、步态、平衡、吞咽评估的内容和方法。
2. 掌握躯体功能评估量表的使用方法及评估报告的撰写。
3. 熟悉各类躯体功能评估的注意事项。
4. 了解躯体功能评估的目的和意义。
5. 具备正确使用相关量表对老人进行躯体功能评估的能力。

躯体功能评估即对老年人躯体主要的运动功能进行评估，是养老机构实施老年人评估最关键的评估阶段。通过躯体功能评估，养老机构能了解老年人的日常生活自理能力及运动功能等信息，这是养老机构制定老年人收费标准的重要参考，是判定老年人护理等级的基础，同时也可发现老年人的功能障碍，为日后的康复训练提供依据。躯体功能评估可以分为四个部分：日常生活活动能力评估、平衡功能评估、吞咽功能评估、步行能力评估。

一、日常生活活动能力评估

日常生活活动是指人们为了维持生存及适应生存环境而每天反复进行的、最基本的、最具有共性的活动，即进食、洗澡、修饰、穿衣、大便控制、小便控制、如厕、床椅转移、平地行走、上下楼梯等。日常生活活动能力是个体在发育成长过程中逐渐习得的，它是反映人们在家庭、医疗机构和社区中生活的基本能力之一。

案例导学与分析

案例导学

张某，男性，63岁，退休工人，与老伴同住，不抽烟，不喝酒，大便能自控，小便能自控，可以自己洗脸，刷牙时需要别人帮忙挤牙膏，可以自己梳头，能够自行上厕所，但下蹲时需要别人帮助，虽能够自行吃饭，但需要较长时间，因此平常家人都给予少量帮助。他能够自己穿裤子，但在穿衣服时，系纽扣需要别人帮助，但家人为了方便，都将其衣物换成拉锁类型的，张某便可自行完成。他能够自行完成床椅转移，但基于安全考虑，必须要有家人监护。他能够自行扶墙步行200余米；扶扶手的情况下，能自己上下10层楼梯；洗澡时能够在座位上，将自己身上洗净。

> **分析**
>
> 请根据以上案例，结合所讲的量表，分析张某的生活自理能力每项评分是多少？总评分是多少？评估等级是多少？

1. 评估的目的

进行老年人日常生活活动评估是确定老年人照护等级、照护内容、康复目标，制订照护计划、康复计划与训练措施，评估康复效果的依据。具体评估目的如下：

（1）判断老人在日常生活活动方面能否独立及独立程度和功能预后。

（2）为制订照护计划提供依据。

（3）为制订环境改造方案提供依据。

（4）作为长期照护险等级评估的有效手段。

（5）了解老年人日常生活中存在的危险因素，预估可能会出现的风险。

2. 评估的方法

日常生活活动评估是对老年人综合能力的评估，故评估者应了解老年人身体功能方面的因素。在评估时评估员应采用经过标准化设计、具有统一内容、统一评估标准的量表进行评估。评估方法包括直接观察和间接评估两种。

（1）直接观察法：评估员通过直接观察老年人的实际操作能力进行评估，而不只是通过询问。该方法的优点是能够比较客观地反映老年人的实际功能情况，有效地避免老年人夸大或缩小自己的能力，但缺点是费时费力，老年人不一定配合。

（2）间接评估法：评估员通过询问的方式进行了解与评估。评估员可从老年人和家人周围的人那里获取老年人完成活动的信息，通过电话或书信获取老年人完成活动的信息。该方法的优点是简单、快捷，但缺点是缺乏可信性，故主要用于一些不便直接观察或演示的动作评估，如控制大、小便和洗澡等。在进行老年人躯体评估时，评估员应将两种方法结合起来应用。

3. 评估的注意事项

生活活动能力评估的准确与否关系到评估等级的划定、收费及照护计划的制订，甚至有时评估结果还会影响老年人的情绪。因此，评估员要准确客观地评估老年人的功能状态，要注意以下要点：

（1）评估前应了解老年人入院前的生活习惯及自理情况，并作为评估时的参考依据。评估结果是老年人的实际完成情况，而不是老年人可能存在的潜力。

（2）评估室的设置，应尽量接近实际生活环境，以取得老年人的理解与合作。如果在不同环境下或不同时间段内，评估的结果有差别，评估员应记录最低评分且找出影响评分结果的常见原因。

（3）老年人的生活自理能力分值会受到环境和老年人运动功能的影响，因此当环境发生变化时，老年人的生活自理能力也将发生变化；老年人运动功能发生变化时，老年人的生活自理能力也会发生变化。因此评估员在做评估时，应尽量选用老年人经常生活的环境进行评估。

4. 评估的内容

日常生活活动能力评估包括 10 项内容，即进食、穿衣、大便控制、小便控制、上下楼梯、如厕、修饰、洗澡、转移、行走，每项具体评估标准如表 2-4 所示：

表 2-4　日常生活活动能力评估

进食： 指用餐具将食物由容器送到口中、咀嚼、吞咽等过程	□分	10 分，可独立进食（在合理的时间内独立进食准备好的食物）
		5 分，需部分帮助（进食过程中需要一定帮助，如协助把持餐具）
		0 分，需极大帮助或完全依赖他人，或有留置胃管
洗澡	□分	5 分，准备好洗澡水后，可自己独立完成洗澡过程
		0 分，在洗澡过程中需他人帮助
修饰： 指洗脸、刷牙、梳头、刮脸等	□分	5 分，可自己独立完成
		0 分，需他人帮助
穿衣： 指穿脱衣服、系扣、拉拉链、穿脱鞋袜、系鞋带	□分	10 分，可独立完成
		5 分，需部分帮助（能自己穿脱，但需他人帮助整理衣物、系扣/鞋带、拉拉链）
		0 分，需极大帮助或完全依赖他人
大便控制	□分	10 分，可控制大便
		5 分，偶尔失控（每周平均<1 次），或需要他人提示
		0 分，完全失控
小便控制	□分	10 分，可控制小便
		5 分，偶尔失控（每天平均<1 次，但每周平均>1 次），或需要他人提示
		0 分，完全失控，或留置导尿管
如厕： 包括去厕所、解开衣裤、擦净、整理衣裤、冲水	□分	10 分，可独立完成
		5 分，需部分帮助（需他人搀扶去厕所、需他人帮忙冲水或整理衣裤等）
		0 分，需极大帮助或完全依赖他人

表2-4（续）

床椅转移	□分	15 分，可独立完成
		10 分，需部分帮助（需他人搀扶或使用拐杖）
		5 分，需极大帮助（较大程度地依赖他人搀扶和帮助）
		0 分，完全依赖他人
平地行走	□分	15 分，可独立在平地上行走 45 米
		10 分，需部分帮助（因肢体残疾、平衡能力差、过度虚弱、视力等问题，在一定程度上需他人搀扶或使用拐杖、助行器等辅助用具）
		5 分，需极大帮助（因肢体残疾、平衡能力差、过度虚弱、视力等问题，在较大程度上依赖他人搀扶，或坐在轮椅上自行移动）
		0 分，完全依赖他人
上下楼梯	□分	10 分，可独立上下楼梯（连续上下 10~15 个台阶）
		5 分，需部分帮助（需扶着楼梯、他人搀扶，或使用拐杖等）
		0 分，需极大帮助或完全依赖他人
日常生活活动总分	□分	分级：□级 0 能力完好：总分 100 分 1 轻度受损：总分 61~99 分 2 中度受损：总分 41~60 分 3 重度受损：总分≤40 分

5. 生活活动能力量表（ADL）的评估操作说明

（1）评估重点。

①以被评估者最近一个月的能力表现为主。

②被评估者不会做、不愿意做、有别人帮着做的情形不算失能，评估员务必确实了解清楚老人的实际能力。

③因智力障碍或严重忧郁，老人虽有能力做，但可能会因忘记某个动作而需要有人提醒或协助下才能完成，仍属于需协助范围。

④评估者应在老人使用辅具下评估老人的实际能力。

（2）指标解析。

指标解析如表 2-5 所示。

表 2-5　生活活动能力指标解析

<table>
<tr><th>内容</th><th>定义</th><th>评分</th><th>解析</th></tr>
<tr><td rowspan="3">进食</td><td rowspan="3">进食：指经口进食。老年人准确使用餐具，将食物从桌上或托盘中送入口中、咀嚼、吞咽的行为</td><td>10 分</td><td>• 将食物放在老人能够拿到的地方，约在 30 分钟内无他人任何帮助的情况下，能独立完成进食，或开始几口需引导，然后自己进食；
• 无须他人帮助，被评估员可以使用辅助工具（弹性筷子，把手加粗加长的叉、勺，弯曲成角的叉、勺，多功能叉、勺，带负压吸盘的碗）、自助完成进食；
• 即使有洒或漏出的食物，自己也能收拾，且洒、漏食物不超过 30%</td></tr>
<tr><td>5 分</td><td>• 需要有人引导、提示动作才能完成；
• 穿脱辅助工具、自助具、餐具的把持，移动需要帮助；
• 需要有人协助剥皮、去血刺、切食物、开盖、置换餐具、将食物放在勺子上</td></tr>
<tr><td>0 分</td><td>• 需他人喂食且仍无法在 30 分钟内完成进食；
• 需要医护人员通过留置营养管、注射营养液替代经口进食；
• 完全由他人喂食</td></tr>
<tr><td colspan="4">注意事项：
食物由他人做好、端来，甚至将饭菜弄细、弄碎、调成糊状的情况，不在评估范围内。
面食作为特例不评估。
特殊案例：
某老人进食无须他人帮助。只有每天吃早饭，刚开始的一两口时，这位老人需要看护人员喂食。之后，老人可正常进食。根据一天当中喂食的频率及数量，判定为“10 分：可独立进食”</td></tr>
<tr><td rowspan="2">洗澡</td><td rowspan="2">洗澡：准备好热水、必要物品后，用手、毛巾或浴球等工具，涂上香皂或沐浴露等沐浴用品后，擦拭、洗净全身的行为。
全身：颈部、上肢、胸部、腹部、会阴、臀部、大腿、小腿、足</td><td>5 分</td><td>• 能独自完成洗澡定义中的全过程，即能洗身体、洗头及洗后处理；
• 不需要他人帮助，可使用扶手、靠背、座椅及辅助工具（手柄加长的洗澡刷），自助完成洗澡动作</td></tr>
<tr><td>0 分</td><td>• 自认为洗净全身的或只能洗净身体某些部位的，但需护理员重新洗干净的；
• 有必要的口头指示、引导或监护才能完成</td></tr>
<tr><td colspan="4">注意事项：
更衣、移动、搓背不包括在本评估项目里；涂抹香皂和沐浴露等动作不属于本评估项目。
【特殊事例】
老年人患有重度痴呆，虽然清醒时可以自己用毛巾洗净身体，但是在洗澡过程中发病，就会失去自己的洗澡能力，需要护理员帮助，所以判定为“0 分”。
老年人自述可以自己洗澡，无须他人帮助，但是老年人患有皮肤病，因没有很好擦洗，情况一直没有好转，并且有佝偻症情形。就老年人身体需要来看，其需要看护人员帮助其洗澡，所以判定为“0 分”</td></tr>
</table>

表2-5(续)

<table>
<tr><th>内容</th><th>定义</th><th>评分</th><th>解析</th></tr>
<tr><td rowspan="2">修饰</td><td rowspan="2">修饰：指 48 小时内的洗漱情况，包括洗脸、梳头、刷牙、刮脸、化妆等行为。
洗脸：准备毛巾，开关水龙头，打湿毛巾洗脸，擦干，确认有无沾湿衣服等一系列动作。
刷牙：包括准备牙刷、漱口水，挤牙膏、刷牙、漱口、脱装假牙。
刮脸：准备剃须刀，完成刮脸动作</td><td>5 分</td><td>能独自完成洗脸、梳头、刷牙、刮脸的全过程或可使用辅助工具（手柄加长或弯曲成角的梳子）、自助完成洗漱动作；
能化妆</td></tr>
<tr><td>0 分</td><td>需要他人帮助准备洗漱用品、清洗假牙、拧毛巾；
需要他人帮助洗脸、梳头、刮脸、洗脚等；
不能摘戴义齿，或需要帮助清洗义齿；
不能擦干头发或无法抚摸头顶</td></tr>
<tr><td colspan="4">注意：
修剪指甲不属于本评估项目。
老人有能力完成修饰，但是出现不愿意做或做得不卫生，仍需要护理员帮助与提示，则为“0 分”。
老人光头，没有梳头行为，若需护理员帮忙擦拭头部，也判断为“0 分”</td></tr>
<tr><td rowspan="3">穿衣</td><td rowspan="3">穿衣：包括穿脱平常在身的上身衣物和下身衣物。
动作要点：穿、脱、套袖子、套裤腿、上提裤裙、系扣、拉拉链、系鞋带</td><td>10 分</td><td>独立完成穿脱衣服、鞋袜全过程。每项动作分别于 20 分钟内完成</td></tr>
<tr><td>5 分</td><td>需要他人在旁监护，必要时协助完成。
需要有人诱导、提示才能完成。如：引导扣纽扣、上提裤子并系好纽扣；提示老人穿衣服的顺序，并给出口头指导</td></tr>
<tr><td>0 分</td><td>完全帮忙穿脱衣服和穿脱鞋袜、拉拉链等。如：老人动作缓慢、僵硬</td></tr>
<tr><td colspan="4">注意事项：
挑选、搭配衣服、传递衣物等动作不包含在本评估项目中</td></tr>
<tr><td rowspan="3">大便控制</td><td rowspan="3">大便控制：指一周内无排泄障碍（排泄障碍：直接在裤子里排便，随地排便，排便失禁，摆弄排泄物，排泄物抹到衣服、墙壁等）</td><td>10 分</td><td>一周内无大便失禁</td></tr>
<tr><td>5 分</td><td>每周平均≤1 次，需要他人在旁监护或提示才能完成</td></tr>
<tr><td>0 分</td><td>不能自主控制大便，经常大便失禁、人工取便；
肢体功能不好，需辅助穿脱衣物、擦拭清洁，有排便障碍的</td></tr>
<tr><td colspan="4">【特殊案例】
老年人有自主排便的意识，但是由于行动缓慢，有时来不及到卫生间或者来不及脱下裤子，就直接排便了。虽然每周不止一次，但仍判定为“5 分，偶尔失控”。
老年人每周需进行一次人工取便，而且该老年人由于肢体活动不便，需要看护人员帮助穿脱衣物、擦拭清洁，判定为“0 分，完全失控”</td></tr>
</table>

表2-5(续)

<table>
<tr><th>内容</th><th>定义</th><th>评分</th><th>解析</th></tr>
<tr><td rowspan="3">小便控制</td><td rowspan="3">小便控制：指 48 小时无排尿障碍（直接在裤子里排便，随地排便，排便失禁，摆弄排泄物，排泄物抹到衣服、墙壁等）</td><td>10 分</td><td>48 小时内无小便失禁</td></tr>
<tr><td>5 分</td><td>需要他人在旁监护或提示才能完成</td></tr>
<tr><td>0 分</td><td>不能自主控制小便，经常小便失禁；
穿纸尿裤；
依赖辅具、器具或完全需要他人帮助</td></tr>
<tr><td colspan="4">注意事项：
因药物作用导致的失禁应写在特殊事件中，做好记录</td></tr>
<tr><td rowspan="3">如厕</td><td rowspan="3">如厕：上厕所的意思，指老年人有便意或尿意时，知道去厕所或使用便盆及尿壶大小便。
动作要点：脱裤子、清洁会阴或肛门，整理衣服，冲水或清洗便盆、尿壶等动作</td><td>10 分</td><td>自行穿脱裤子且不弄脏衣物；
自行清洁会阴或肛门、整理衣服、冲水或清洗便盆、尿壶等；
使用接便器或接尿器者，可自行清洗接便器、接尿器，完成如厕动作</td></tr>
<tr><td>5 分</td><td>需他人搀扶去厕所；
需他人帮忙冲水或整理衣裤等；
需要他人提示、诱导才能完成；
常常弄翻尿容器</td></tr>
<tr><td>0 分</td><td>完全需要他人帮助</td></tr>
<tr><td colspan="4">注意事项：
若为人工肛门，包括人工肛门袋的准备、交换、事后清理等动作；
若为穿戴成人尿布、尿垫、留置导尿管，包括纸尿裤、尿垫、导尿管的准备、交换、事后清理等动作</td></tr>
<tr><td rowspan="4">床椅转移</td><td rowspan="4">床椅转移：指从床到轮椅，从床到坐便器等来回全过程中的所有动作，主要包括自己坐起来、移动臀部、转身、移动、坐下、独立站稳等动作。
坐轮椅：包括接近床椅、合上车闸、提起足托、拆扶手</td><td>15 分</td><td>可独立完成翻身、起坐，从床到轮椅来回移动；
使用辅助工具，自主完成转移动作；
能自如驾乘轮椅</td></tr>
<tr><td>10 分</td><td>需他人搀扶或使用拐杖；需要他人在旁监护、提示动作才能完成，原则上基本上不需要接触老人身体，但适当的时候可以搀扶老人</td></tr>
<tr><td>5 分</td><td>需要搀扶老人或老人使用拐杖，协助支撑身体才能完成；为防止意外的发生，需要部分帮助或看护、提示</td></tr>
<tr><td>0 分</td><td>转移动作全过程需要他人抱、搬身体等才能完成</td></tr>
<tr><td colspan="4">注意事项：
转移间距须在 1.1 米以上；假肢、助行器等辅助工具的准备行为不包含在本评估项目中。
【特殊案例】
老年人常年卧床，不发生床椅转移动作，但是每天护理员需要对其进行翻身清洁、交换尿垫以防褥疮。判定为“0 分，完全依赖他人”</td></tr>
</table>

表2-5(续)

内容	定义	评分	解析
平地行走	平地行走：指双脚站立的状态开始连续步行45米的行为能力。 连续步行：步行过程中不停顿，且步行超过20分钟以上，中途不跌倒，不停歇	15分	整个过程独立完成，能在平地上连续行走45米，不借助任何支撑器械
		10分	因肢体残疾、平衡能力差、过度虚弱、视力等问题，在一定程度上需使用拐杖、助行器等辅助用具
		5分	在较大程度上依赖他人搀扶，或坐在轮椅上自行移动
		0分	不能自己驱动轮椅或无法自己掌控轮椅平衡，依赖他人的帮助、监护才能安全使用轮椅完成移动。 常年卧床、重度昏迷等无行走能力
注意事项： 步频、步行速度、方向感觉等与评估标准无关			
上下楼梯	上下楼梯：指可以独自连续完成上下10~15个台阶的行为能力	10分	不借助任何支撑器械，连续上下10~15个台阶
		5分	需扶着楼梯、他人搀扶，或使用拐杖等辅助工具
		0分	依赖他人搀扶或支撑身体才能完成

二、平衡功能评估

平衡功能评估主要是了解评估对象是否存在平衡功能障碍，明确引起平衡功能障碍的原因以及预测患者可能发生跌倒的危险性。

1. 评估的目的

平衡功能评估的对象主要是平衡功能障碍和平衡功能下降者，其目的是了解评估对象是否有平衡障碍，确定平衡障碍的程度、类型，分析引起平衡障碍的原因，评估员依据评估结果制订老年人的照护计划，推荐适合老年人现有平衡能力的辅助器具。

2. 评估的方法

（1）观察法。评估员通过观察受试者在不同条件下的平衡表现，进行平衡评估。观察法虽然过于粗略和主观，缺乏量化，但由于其应用简便，可以对具有平衡功能障碍的患者进行粗略的筛选，具有一定的敏感性和判断价值，至今在临床上仍广为应用。

（2）量表法。量表法不需要特殊的设备，结果易于量化，评分方法简单，应用方便，常用的是berg平衡量表。

3. 评估的注意事项

（1）测试时，评估员应保持环境安静，不要说话或提示。

（2）下肢骨折未愈合，严重心血管疾病患者不宜进行平衡测试。

（3）受试者不能完全独立完成所要求动作时，评估员要注意予以保护以免摔倒，必要时给予帮助。

4. 评估的内容

评估内容是berg量表中的14个项目：由坐到站、独立站立、无靠背独立坐双足着地、从站立位到坐下、转移、无支持闭目站立、双脚并拢无支撑站立、站立位时上肢向前伸展并向前移动、站立位时从地面捡起东西、站立位转身向后看、转身360°、无支持站立时将一只脚放在台阶或凳子上、双足前后站立、单足站立（见表2-6）。

表2-6　平衡功能评估

1	从座位站起	□分	4分　不用手扶能够独立地站起并保持稳定 3分　用手扶着能够独立地站起 2分　几次尝试后自己用手扶着站起来 1分　需要他人少量的帮助才能够站起或保持稳定 0分　需要他人中等或大量的帮助才能够站起或保持稳定
2	无支持站立	□分	4分　能够安全地站立两分钟 3分　在监视下能够站立两分钟 2分　在无支持的条件下能够站立30秒 1分　需要若干次尝试才能无支持地站立30秒 0分　无帮助时不能站立30秒
3	无靠背坐立	□分	4分　能够安全地保持坐立两分钟 3分　在监视下能够保持坐立两分钟 2分　能坐30秒 1分　能坐10秒 0分　没有靠背支持不能坐10秒
4	从站立位坐下	□分	4分　最小量用手帮助安全地坐下 3分　借助于双手能够控制身体的下降 2分　用小腿后部顶住椅子来制身体的下降 1分　独立地坐，但不能控制身体的下降 0分　需要他人帮助坐下
5	转移	□分	4分　稍用手扶就能够安全地转移 3分　绝对需要用手扶着才能够安全地转移 2分　需要口头提示或监视才能够转移 1分　需要一个人的帮助才能转移 0分　为了安全，需要两个人的帮助或监视
6	闭眼无支持站立	□分	4分　能够安全地站立10秒 3分　监视下能够安全地站立10秒 2分　能站3秒 1分　闭眼不能达3秒钟，但站立稳定 0分　为了不摔倒而需要两个人帮助

表2-6(续)

7	双脚并拢无支持站立	□分	4分 能够独立地将双脚并拢并安全地站立1分钟 3分 能够独立地将双脚并拢并并在监视下站立1分钟 2分 能够独立地将双脚并拢，但不能保持30秒 1分 需要别人帮助将双脚并拢，但能够双脚并拢站15秒 0分 需要别人帮助将双脚并拢，双脚并拢站立不能保持15秒
8	站立位时，伸直上肢向前触物	□分	4分 能够向前伸出>25厘米 3分 能够安全地向前伸出>12厘米 2分 能够安全地向前伸出>5厘米 1分 上肢能够向前伸出，但需要监视 0分 在向前伸展时失去平衡或需要外部支持
9	站立位时从地面捡起物品	□分	4分 能够轻易地且安全地将鞋捡起 3分 能够将鞋捡起，但需要监视 2分 伸手向下达2~5厘米，且独立地保持平衡，但不能将鞋捡起 1分 试着做伸手向下捡鞋的动作时需要监视，但仍不能将鞋捡起 0分 不能试着做伸手向下捡鞋的动作，或需要帮助以免失去平衡或摔倒
10	站立位时转身向后看	□分	4分 从左右侧向后看，体重转移良好 3分 仅从一侧向后看，另一侧体重转移较差 2分 仅能转向侧面，但身体的平衡可以维持 1分 转身时需要监视 0分 需要帮助以防身体失去平衡或摔倒
11	转身360度	□分	4分 在<或=4秒的时间内安全地转身360度 3分 在<或=4秒的时间内仅能从一个方向安全地转身360度 2分 能够安全地转身360度但动作缓慢 1分 需要密切监视或口头提示 0分 转身时需要帮助
12	无支持站立时，将一只脚放在凳子上	□分	4分 能够安全且独立地站立，在20秒时间内完成8次 3分 能够独立地站，完成8次时间>20秒 2分 无须辅助工具，在监视下能够完成4次 1分 需要少量帮助能够完成>2次 0分 需要帮助以防止摔倒或完全不能做
13	一只脚在前无支持站立	□分	4分 能够独立地将双脚一前一后地排列（无间距）并保持30秒 3分 能够独立地将一只脚放在另一只脚的前方（有间距）并保持30秒 2分 能够独立地迈一小步并保持30秒 1分 向前迈步需要帮助，但能够保持15秒 0分 迈步或站立时失去平衡

表2-6(续)

14	单脚站立	□分	4分　能用单腿站立并维持10秒以上 3分　能用单腿站立并能维持5~10秒 2分　能用单腿站立并能站立3秒或以上 1分　能抬腿，不能维持3秒 0分　不能进行单脚站立或需要帮助预防跌倒
平衡功能总分		□分	分级：□级 1级　平衡功能好：总分41~56分 2级　平衡功能尚可：总分21~40分 3级　平衡功能差：总分0~20分

三、吞咽功能评估

吞咽困难是指由于下颌、双唇、舌、软腭、咽喉、食管上括约肌或食管功能受损所致的进食障碍。吞咽功能障碍是老年人常见的功能障碍之一，由于吞咽困难易导致的吸入性肺炎、脱水、营养不良等各种并发症，甚至会危及生命。因此强调吞咽困难的早期评估是非常必要的。

1. 评估的目的

（1）明确吞咽困难是否存在。

（2）确定吞咽的危险因素。

（3）选择适合老人进食的类型。

2. 评估的方法

饮水试验为一种较方便、常用的鉴别方法。评估员让老年人饮水30毫升，观察饮水经过并记录时间。

3. 评估的注意事项

老年人病情稳定，主管医师允许后方可进行，最好在鼻饲管去除后进行。进行吞咽功能的评估前，评估员应向老年人或家属说明评估与治疗的目的及主要内容，以获得全面的理解和配合，尤其应申明检查或治疗中及后期可能出现的特殊情况，如呛咳、吸入性肺炎、窒息，局部黏膜损伤、出血、疼痛、感染，牙齿脱落、误咽等。

4. 评估的内容

运用饮水试验进行评估：让老人喝下一匙温水，如无问题，嘱老人取坐位，将30毫升温水一口咽下记录饮水情况：①可一口喝完，无呛咳；②分两次以上喝完，无呛咳；③能一次喝完，但有呛咳；④分两次以上喝完，且有呛咳；⑤常常呛住，难以全部喝完。情况①，若5秒内喝完，为正常；超过5秒，则可疑有吞咽障碍。情况②也为可疑。情况③、④、⑤则确定有吞咽障碍（见表2-7）。

表 2-7　吞咽功能评估

等级	分级评估结果
1 级（优）	能顺利地一次性将水咽下
2 级（良）	分 2 次以上，能不呛咳地咽下
3 级（中）	能 1 次咽下，但有呛咳
4 级（可）	分 2 次以上咽下，但有呛咳
5 级（差）	频繁呛咳，不能全部咽下
等级	**判定标准**
正常	1 级，5 秒之内
可疑	1 级，5 秒以上或 2 级
异常	3~5 级

四、步行功能评估

步行功能评估是指对老年人步行能力和状态进行宏观分级评估，了解老年人能够在不同环境下步行的评估方式。

1. 评估的目的

（1）评估老年人步行功能情况、是否存在异常步态、步行功能障碍。

（2）了解老年人步态功能变化程度。

（3）为日后帮助老年人选择辅助器具提供依据。

2. 评估的方法

（1）观察法：又名目测分析法，指由检查者用肉眼观察受试者的行走过程，根据所得的印象或按照一定的观察项目逐项评估，并做出定性分析的结果。此方法不需要特殊设备和仪器，操作简便，临床常用；但不足之处主要是依靠检查者的观察技能获得评估结果，具有主观性强、可靠性差的弱点，临床多与定量的分析技术相结合，使步态分析更完善。

（2）量表评估法：通过使用步行功能量表对老年人的步行能力进行评估。此方法的优点在于不依靠特殊设备，操作简便，机构常用；不足之处在于仅能对步行能力进行评估，不能分析出步态是否异常。

3. 评估的注意事项

（1）评估员应叮嘱受检者尽量放松，以平时正常步行的感觉完成评估。

（2）评估员在目测观察时，不仅要观察患侧下肢，亦要观察对侧下肢，以便比较。

（3）受检者行走时衣着尽量少，充分暴露下肢，以便评估员准确观察步态特征。

（4）评估员应注意疼痛对老人步态的影响。

（5）目测观察属定性分析，有一定的局限性，必要时评估员应进一步采用定量分析。

4. 评估的内容

评估员可运用 Hoffer 步行能力分级对老年人进行评估，通过分析可以了解老年人是否可以步行以及确定是哪一种行走形式。具体评估标准如表 2-8 所示。

表 2-8　步行功能评估

分　级		评 定 标 准		
不能步行（nonambulator）		完全不能步行		
非功能性步行（nonfunctional ambulator）		借助于膝-踝-足矫形器（KAFO）、手杖等能在室内行走，又称治疗性步行		
家庭性步行（household ambulator）		借助于踝-足矫形器（AFO）、手杖等能在室内行走自如，但在室外不能长时间行走		
社区性步行（community ambulator）		借助于 AFO 或手杖或可在室外和社区内独立行走、散步、去公园、去诊所、购物等，但时间不能持久，如需要离开社区长时间步行仍需坐轮椅		
评估时间				
分　级				
评估者				

五、评估的步骤

老人躯体功能评估的核心内容为日常生活能力评估。需要注意的是，在评估过程中老人在进食、上下楼梯、步行能力这三个核心内容未得满分的应当进一步细化评估，即吞咽功能评估、平衡功能评估、步行功能评估，明确高危因素，以便减少在日后照护过程中意外情况的发生。评估过程如图 2-1 所示。

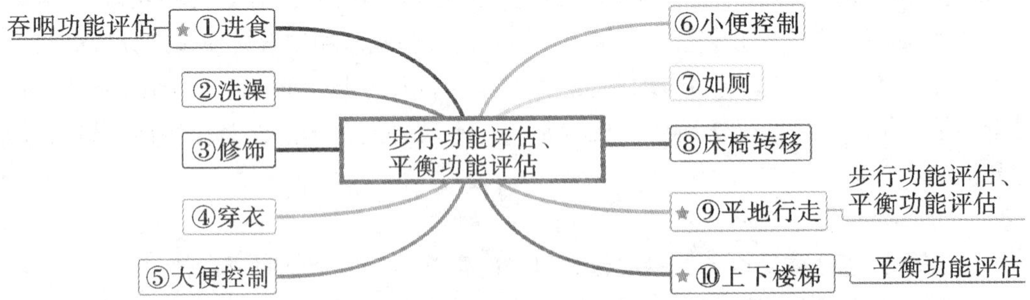

图 2-1　躯体功能评估的步骤

六、评估报告的撰写

躯体功能评估结果

姓名________ 性别 □男 □女 年龄________ 民族______ 编号_________

联系电话_________________________

躯体功能评估结果

	生活活动能力	平衡功能	吞咽功能	步行能力
评分				
等级/解析				

躯体功能评估结论

注：评估师填写整体评估的结论并给出一些建议

评估人：__________

日 期：__________

参考文献

[1] 田兰宁. 老年人能力评估基础操作指南［M］. 北京：中国社会出版社，2016.

[2] 王玉龙. 康复评定技术［M］. 北京：人民卫生出版社，2018.

[3] 杜丽侠，杨逸彤，王常颖，等. 从日常生活活动能力视角看上海市老年照护需求［J］. 中国卫生资源，2016，19（1）：61-64，69.

[4] 刘祚燕，吴琳娜，胡秀英. 老年住院患者日常生活活动能力影响因素研究［J］. 四川大学学报（医学版），2015，46（2）：311-314.

［5］马月利，杨娟玉，张黎明．以日常生活活动能力分级测算老年无陪护病区基础护理时间需求的研究［J］．中国护理管理，2014，14（2）：175-177.

［6］陈任，秦侠，马颖，等．农村社区老年人日常生活活动能力与老年痴呆症患病率的关系研究［J］．中国全科医学，2010，13（33）：3785-3786，3789.

［7］黄春丽，雷迈，汪家钰，等．日常生活活动能力指导对老年脑卒中患者康复疗效的影响［J］．中国医药导报，2010，7（18）：29-30.

［8］胡川，杨晓，顾莹，等．基于正常行走模式的功能性电刺激对老年脑卒中患者步行功能的影响［J］．中华老年心脑血管病杂志，2018，20（7）：742-745.

［9］李丽萍，王金宇．Morse跌倒评估量表与Berg平衡量表在老年患者跌倒风险管理中的应用体会［J］．中国实用医药，2013，8（18）：219-220.

［10］周明，彭楠，朱才兴，等．功能性步态评价与Berg平衡量表对社区老年人跌倒风险的预测价值［J］．中国康复理论与实践，2013，19（1）：66-69.

［11］金冬梅，燕铁斌，曾海辉．Berg平衡量表的效度和信度研究［J］．中国康复医学杂志，2003（1）：24-26.

第四节　常见老年综合征的评估

学习目标

1. 掌握老年人跌倒评估、尿失禁评估、大便失禁评估、疼痛评估的内容和方法。
2. 掌握常见老年综合征评估报告的撰写技能。
3. 熟悉常见老年综合征评估的注意事项。
4. 熟悉常见老年综合征常见量表的使用。
5. 了解常见老年综合征的风险及防御措施。
6. 具备运用相关量表实施评估的能力以及撰写评估报告的能力。

常见老年综合征是指随着年龄增加，老年人各器官系统功能退化，出现一系列非特异性的症状和体征，这些症状会严重损伤老年人的生活功能，影响老年人的生活质量和显著缩短预期寿命。这些老年人群中的非特异性的症状体征概括为老年综合征。老年综合征常见的症状体征包括：跌倒、疼痛、压力性损伤、尿失禁、多重用药等。

老年综合征的评估是养老机构在老年人进入机构初及进入机构之后，规避跌倒、压力性损失等相关综合征风险的措施，是调整相应照护计划的依据，同时还是增加所需相关服务、照护项目的凭证。

一、跌倒评估

现有资料显示，欧美国家社区居住的 65 岁以上健康老年人每年发生一次以上跌倒的比例为 35%~45%，在我国跌倒已经成为老年人首位伤害死亡的原因。

跌倒是一种不能自我控制的意外事件，指个体突发的、不由自主的、非故意的体位改变，而脚底以外的部位停留在地上或者更低的平面上。

老年人跌倒的发生，并不像一般人认为的是一种意外，而是存在潜在的危险，因此老年人跌倒完全是可以预防和控制的。积极地开展对跌倒危险因素的评估及干预，将有助于减少老年人跌倒的发生，减轻老年人跌倒所致伤害的严重程度。

1. 跌倒评估的步骤

跌倒评估要做好以下步骤：

第一，工作准备：知识准备——评估员应充分了解老年人跌倒评估的方法及知识；物品准备——跌倒评估表、笔；评估师准备——服装整洁，洁净双手；老年人准备——协助老年人取舒适体位。

第二，评估师向老年人解释评估的目的、注意事项，取得合作。

第三，评估员应进行跌倒评估并确定风险程度，判断是否需要做跌倒分级干预。

2. 跌倒评估的方法

跌倒评估常用的方法是 Morse 跌倒评估量表，Morse 跌倒评估量表是由美国宾夕法尼亚大学于 1989 年研制的。该表具有有效性和可靠性的特点，是公认的专为评估住院患者跌倒风险而设计的标准引用评估工具。正确评估是实施跌倒干预的第一步，评估员应在了解入院老人病情的基础上，通过仔细询问（老人及家属）及认真观察，并结合患者主诉、病史、治疗、既往史、诊断结果等，进行综合的、整体的评估。跌倒评估量表见表 2-9。

表 2-9　Morse 跌倒评估量表

评估内容	内容解析	评分
病人曾跌倒（3 月内）/视觉障碍	在 3 个月内被评估人员有过跌倒病史/视力模糊、视物不清、有眼部疾病造成视力下降	没有 =0，有 =25
超过一个医学诊断	两个及两个以上的明确医学诊断	没有 =0，有 =15
使用助行器具	正常行走、完全卧床、行走有人帮助	没有需要 =0
		完全卧床 =0
		护士扶持 =0
	有拐杖，行走靠助行器	丁形拐杖/手杖/助行器 =15
	无人陪伴且未使用拐杖，不能正常行走，行走需要扶着家具等器材	扶家具行走 =30
静脉输液/置管/使用药物治疗		没有 =0 有 =20
步态	正常、卧床、轮椅代步	正常/卧床/轮椅代步 =0
	身体乏力虚弱	乏力 =10
	身体平衡失调	失调及不平衡 =20
精神状态	思维清晰、交谈有逻辑、知道自己的能力水平	了解自己能力 =0
	意识障碍/躁动不安/沟通障碍/睡眠障碍	意识障碍/躁动不安/沟通障碍/睡眠障碍 =15
总分：125 分		得分：

根据对老年人的评估，得到评估总分≤25分，表示跌倒低度危险；总分为25~45分，表示跌倒中度危险；总分≥45分，表示跌倒高度危险。

案例导学与分析

案例导学

孙某，年龄78岁，女，因子女外出打工，家中无人照顾，于是送往成都某养老院。孙某步入养老院，手持拐杖，跛行，在办理入院手续前，该院养老评估师以问诊的方式，从老人本人及其子女的交流中了解到以下内容：1个月前孙某因头晕送往成都市某三甲医院住院治疗，病情稳定后于上周出院，出院时带药：二甲双胍缓释片、倍他洛克。评估员在与孙某的沟通中发现，孙某沉默少语，注意力不太集中；随后该院护工对其进行了老年人跌倒风险评估，评估结果：25<总分<45分，属于跌倒中度危险。

分析：

该养老评估师评估是否正确？如果不正确，请给出你的答案。

3. 跌倒评估的时机

（1）65岁以上患者、临床上有跌倒危险的病人入院时需评估；跌倒评估总分≥45分的老人每周至少评估1~2次；患者病情发生变化或者口服了会导致跌倒的药物时需评估；患者转到其他科室时需评估；跌倒后需评估。

（2）使用药物治疗后的老人需评估。使用药物治疗是指用麻醉药、抗组胺药、抗高血压药、镇静催眠药、抗癫痫痉挛药、轻泻药、利尿药、降糖药、抗抑郁抗焦虑抗精神病药。

（3）跌倒评估总分≥45分为跌倒高度危险，提示病人处于易受伤危险中，护工应采取相应的防护措施。

4. 跌倒干预分级

评估员对老年患者进行跌倒评估和处理，因居住环境的不同而采取不同的跌倒干预措施。对于状态功能尚好且居住社区的老年人，跌倒筛查和预防工作较为重要，评估员应通过评估发现高危患者并进行有效干预。而养老院的老年人则是跌倒的高风险人群，养老院应采用全面预防，而不是依赖个体化评估。对有跌倒史或高风险老年患者，养老院需要针对跌倒危险因素采取相应的预防和干预措施（表2-10）。

表 2-10　跌倒干预分级

≤25 分（低危）	1. 提供足够的灯光，清除病房、床旁及通道障碍物，调整常用药物 2. 保持地面清洁干燥，告知卫生间防滑措施（淋浴时有人陪伴） 3. 降低病床高度，增加床间距：1.0~1.5 米，晨间护理时检查床脚刹车 4. 必要时配备紧急呼叫器，并指导正确的使用方法 5. 指导患者渐进坐起，渐进下床的方法 6. 将手杖等辅助设施放在触手可及的位置 7. 确定 PT 评估是否需要使用助行设施 8. 让老人穿具有防滑功能的鞋具，不穿袜子，穿合适的衣裤 9. 让老人养成良好的排便习惯 10. 让老人睡前排尿，上好床栏，加强巡视 11. 教患者如何安全跌倒 12. 组织家属与照护者进行预防跌倒的教育
25~45 分（中危）	1. 指导老人及照护者，任何活动都需要旁人帮助 2. 将老人所有需要的物品放在触手可及的地方 3. 提高对老人的监护级别 4. 加强巡视 5. 保证夜间有辅助照明设施 6. 对老人生活环境进行更高要求的改善 7. 必要时使用助行设施
≥45 分（高危）	1. 在老人活动时提供必要的帮助 2. 家庭成员/照护者必须就老人跌倒危险因素进行讨论 3. 不要让老人坐在没有保护措施的椅子上面或者让老人单独停留在浴室 4. 必须随时有人照看老人 5. 必要时给予老人行为限制/束缚

总之，跌倒是发生率较高的老年综合征之一，与多种危险因素有关，可引起灾难性后果。评估跌倒风险，对高危患者进行积极预防和干预，是对老年人生命和健康的重要保障，可减少跌倒相关致残率和致死率。

案例导学与分析

案例导学

79 岁的张大娘，住在市区一家养老院。最近一个月，老人的儿女和养老院方面发生了一场纠纷，起因是老人在养老院里摔伤了。张大娘的儿子薛先生告诉记者，因家人工作繁忙，去年他们把母亲送到市区一家养老院代为照顾。今年 5 月 18 日，薛先生接到养老院电话，说母亲在食堂里摔伤了。母亲这一摔，导致左股骨颈骨折，因为伤的位置比较特殊，所以必须手术治疗，除去医保报销，还自费花了两万多元医药费。

分析：

跌倒的危险因素及后果是什么？

二、压力性损伤的评估

压力性损伤是局部组织因长时间受压而造成的持续缺血、缺氧、营养不良所引起的皮肤损害，易发生在身体受压和缺少脂肪组织保护、无肌肉包裹或肌层较薄的骨隆突部位。压力性损伤表现为完整皮肤或开放性溃疡，可能伴有疼痛感。

各部位由压力所致的压力性损伤的占比分别为：坐骨 24%、骶尾骨 23%、足跟 11%、外踝 7%、髂前上棘 4%。压力性损伤发生的常见部位为仰卧位、侧卧位及半卧位。压力性损伤的危险因素一般包括压力、摩擦力、剪切力及潮湿四个外源性因素。压力性损伤一共分为 6 期，包括 1~4 期压力性损伤、不明确分期及深部组织损伤。

压力性损伤的评估首先关注受压部位发红且产生红斑压之后有无褪色，观察患者疼痛情况，感受骨隆突处皮肤温度是否有发热，观察皮肤是否有硬结，观察皮肤颜色及皮肤破损情况。

有关压力性损伤的分期见表 2-11。

表 2-11　压力性损伤的分期

分期	临床表现
深部组织损伤	局部皮肤完整，损伤处呈紫色或黑紫色或有血疱。伴疼痛、局部硬结、凉或热等表现，可能会发展为被一层薄的焦痂覆盖
1 期	局部皮肤完整，有指压不变白的红肿。与周围组织相比，损伤处可能有疼痛、硬结、松软、热或凉等表现。肤色较深者不易判断，可归为高危人群
2 期	真皮层部分缺损，表现为有光泽或干的浅表、开放的溃疡，伤口床呈粉红色，没有腐肉或淤肿（显示可疑有深部软组织损伤），也可表现为一个完整或破溃的水疱
3 期	全皮层缺损，可见皮下脂肪，但没有骨骼、肌腱或肌肉暴露，有腐肉，但未涉及深部组织，可能有潜行和窦道
4 期	全皮层和组织缺损，伴有骨骼、肌腱和肌肉的暴露，伤口床可能会部分覆盖腐肉或焦痂，常常会有潜行和窦道，可能深及肌肉和/或支撑组织（如筋膜、肌腱或关节囊）
不可分期	全皮层组织缺失，由于伤口床被腐肉或焦痂覆盖，无法确定伤口程度。去除腐肉或焦痂后，可表现为 3 期和 4 期压力性损伤

1. 评估的频率

首次评估：普通入院的患者，应在入院 2 小时内完成压疮风险评估；对于危重症患者，建议先行抢救等首要治疗操作，待病情稳定后尽快完成压疮风险评估。

再次评估：常根据 Braden 评分情况决定评估频率。如 Braden 评分≥13 分，推荐至少每周评估一次；Braden 评分≤12 分，推荐至少每 72 小时评估一次。

病情变化随时评估：由于病情变化导致患者发生压疮的危险因素改变时，应随时评估。

2. 压力性损伤的评估量表

压力性损伤评估量表可以帮助我们进行风险判断，准确发现有压力性损伤的老人以便采取进一步预防措施。压力性损伤评估量表是预防压力性损伤关键性的一步。

Braden 量表是由美国的布莱登（Braden）博士于 1987 年制定，由美国健康保健政策机构推荐使用的一种预防压力性损伤危险的工具。Braden 量表由于具有对压力性损伤的预测价值，有较好的信度、效度，压力性损伤患者的预测灵敏度为 90%~100%，且具有准确的量化指标，因此成为目前世界上应用最广泛的压力性损伤评估表，见表 2-12 和表 2-13。

表 2-12 Braden 量表（正面）

项目	评分	分数	评估时间	评估时间
感觉	完全丧失	1		
	部分丧失	2		
	轻度丧失	3		
	没有改变	4		
湿度	总是潮湿	1		
	经常潮湿	2		
	偶尔潮湿	3		
	很少潮湿	4		
活动	卧床不起	1		
	局限于椅	2		
	偶尔行走	3		
	经常行走	4		
移动	完全不能	1		
	中度受限	2		
	轻微受限	3		
	不受限	4		
营养	严重营养摄入不足	1		
	可能营养摄入不足	2		
	营养摄入适当	3		
	营养摄入良好	4		
摩擦力和剪切力	有明显问题	1		
	有潜在问题	2		
	无明显问题	3		
总分：23 分	得分：			

表 2-13　Braden 量表（背面）

分项	评分			
感知能力：对压力所致不适的反应能力	完全受限：由于意识水平下降或用镇静药后使体表大部分痛觉能力受限，导致对疼痛刺激无反应	大部分受限：对疼痛刺激有反应，但不能用语言表达，只能用呻吟、烦躁不安表示，或有感觉障碍，身体一半以上痛觉或感觉不适能力受损	轻度受限：对指令性语言有反应，但不能经常用语言表达不适或有 1～2 个肢体感受疼痛能力或不适能力受损	无损害：对指令性语言有反应，无感觉受损
潮湿程度：皮肤暴露于潮湿中的程度	持续潮湿：每次移动或翻动患者时总是看到皮肤被分泌物、尿液等浸湿	常常潮湿：皮肤频繁受潮，床单至少每班更换一次	偶尔潮湿：皮肤偶尔潮湿，床单需每天额外更换一次	罕见潮湿：皮肤通常是干的，床单按常规时间更换
活动能力：身体活动的程度	卧床：被限制在床上	坐椅子：不能步行活动，不能耐受自身的体重或必须借助椅子或轮椅活动	偶而步行：白天偶而步行但距离非常短，大部分时间卧床或坐椅子	经常步行：室外步行每日至少两次，室内步行至少每 2 小时一次（在白天清醒期间）
移动能力：改变和控制体位的能力	完全不能移动：在无人帮助时，患者不能改变身体或四肢的位置	非常受限：偶而能轻微改变身体或四肢的位置，但不能经常改变或独立地改变体位	轻微受限：能经常独立地做微小的四肢或身体的移动	不受限：不需要协助就能完成较大的和经常的体位改变
营养摄取能力	非常差：从未吃过完整一餐，食量很少超过所提供食物的 1/3；每日吃两餐或蛋白质较少的食物；摄取水分较少或未将汤类列入日常补充食谱；禁食或一直喝清流质或静脉输液 > 5 天	可能不足：罕见吃完一餐，一般只能吃完所提供食物的 1/2；蛋白质摄入仅为日常量 50g 左右；偶尔吃完加餐或少量流质或管饲饮食	充足：大多数时间能吃完 > 1/2 所供食物；每日蛋白质摄入达 200g 左右；偶尔少吃一餐，但常常会加餐；鼻饲或全肠胃外营养（TPN）期间能满足大部分营养需求	丰富：每餐能吃完或基本吃完；从不少一餐；每天通常吃 ≥ 200g 优质蛋白质；不要求加餐
摩擦力和剪切力	存在问题：需要协助才能移动患者；移动患者时皮肤与床单表面没有完全托起会产生摩擦力；患者坐床上或椅子上时经常向下滑动；肌肉痉挛、强直性收缩或躁动不安时会产生持续存在的摩擦力	潜在问题：很费力地移动患者；在移动患者期间，皮肤可能有某种程度上的滑动去抵抗床单、椅子、约束带的阻力；在床上或椅子中大部分时间能保持良好的体位，偶尔向下滑动	不存在问题：在床上或椅子上能独立移动；移动期间有足够的肌力完全抬举身体及肢体；在床上或椅子上所有时间内都能保持良好的体位	

患者的压力性损伤量表的评分为 15~18 分则提示轻度危险；评分为 13~14 分则提示中度危险；评分 10~12 分则提示高度危险；评分≤9 分则提示极度危险。

案例导学与分析

案例导学

张某，78 岁，男，因长期卧床，患者左臀部有面积为 3×3cm 的压疮，评估师对其进行了压疮的评估，评估发现：①感觉方面：患者对疼痛刺激有反应，但不能用语言表达，只能用呻吟、烦躁不安表示，或有感觉障碍，身体一半以上痛觉或感觉不适能力受损。②皮肤的湿度：皮肤通常是干的，床单按常规时间更换。③老年人的活动情况：不能步行活动，不能耐受自身的体重或必须借助椅子或轮椅活动。④移动能力：患者因疼痛完全不能移动。⑤营养摄入：罕见吃完一餐，一般只能吃完所提供食物的 1/2；蛋白质摄入仅为日常量 50g 左右；偶尔吃完加餐或少量流质或管饲饮食。⑥摩擦力和剪切力：很费力地移动老人；在移动老人期间，皮肤可能有某种程度上的滑动去抵抗床单、椅子、约束带的阻力；在床上或椅子中大部分时间能保持良好的体位，偶尔向下滑动。

分析：

结合量表，进行压力性损伤的评估。

3. 压力性损伤的评估注意事项

评估力求客观、准确。评估高危人群时评估员应及时告知家属并让其签名，对预防措施进行合理分工，每日指导检查一次，发现不正确的应及时纠正。如果被评估者情况好转，由卧床转为能够起床活动，则每周评估一次，如果记分显示无危险且稳定者，则可终止评分。Braden 量表是为了充分利用有限的资源达到更好的预防效果，因此评估员需要动态观察记分结果，修正措施。

压力性损失评估之后最主要的步骤是决定护理的预防措施。护理人员应针对不同的危险制定不同的应对措施。护理人员的应对措施主要体现在保持皮肤的清洁干燥；协助更换体位，一般 1~2 小时改变一次；加强营养，增加机体及皮肤免疫力；使用减压器具，如棉垫、敷贴、气垫床、体位垫等；保持正确的卧位，让老年人尽量采用 30 度角卧位，减少骨隆突处受力。压疮评分为 13~18 分，一般每 3 天评估一次；评分≤12 分，每日进行评估，并填报难免压疮上报表，要求家属或老人签字。若老人病情发生改变，评估员应随时进行动态评估；如老人已有压疮，评估员应按压疮的分期对症处理，每日进行评估和监控，并填报压疮上报表，要求家属或老人签字。

三、疼痛的评估

疼痛是老人的主观感受，是临床上最常见的症状之一，是一组复杂的病理、生理改变的临床表现。慢性疼痛的老年人更容易经历功能受限、抑郁、社会交际能力降低以及睡眠和食欲障碍等。故疼痛评估对老年人来说也较为重要，同时也是养老院制订个性化照护计划的依据。

案例导学与分析

案例导学

张某，女，58 岁，有 20 余年偏头痛病史，且为家族遗传，每次发作时头昏脑胀，多梦易醒，睡眠质量很差。

分析：

对该老人的评估应如何选取疼痛评估工具？

1. 疼痛评估的目的

（1）使评估员能明确诊断，更准确地判定疼痛的特征，有助于确定控制疼痛最有效的治疗方案。

（2）使评估员能及时调整治疗方案，减少或避免单纯依赖病人做出回顾性比较而引起的偏差。

（3）使评估员能用定量的方法来估计治疗效果，进一步选择今后有效的治疗方法。

（4）在疼痛研究工作中，便于评估员对科研结果做出判断分析和对照比较。

2. 疼痛的评估量表

（1）视觉模拟评分（VAS）。

视觉模拟评分是一种简单、有效的测量方法。它被广泛地应用于临床和研究工作中，可让研究者获得疼痛的快速指标，并设计了数量值。VAS 通常采用 10cm 长的直线，两端分别标有“无疼痛”（0）和“最严重的疼痛”（10）（或类似的词语描述语），病人根据自己所感受的疼痛程度，在直线上某一点作一记号，以表示疼痛的强度及心理上的冲击。从起点至记号处的距离长度也就是疼痛的量。（见图 2-2）

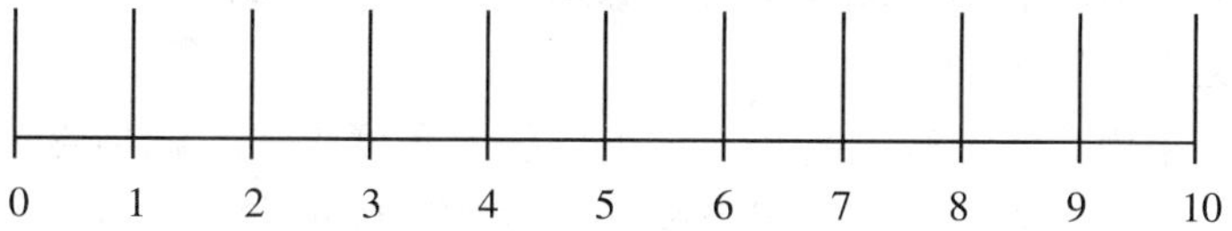

0~2：表示舒适；3~4：表示轻度不舒适；5~6：表示中度不舒适；
7~8：表示重度不舒适；9~10：表示极度不舒适

图 2-2　视觉模拟评分

VAS 亦可用于评估疼痛的缓解情况。在线的一端标上“疼痛无缓解”，而另一端标上“疼痛完全缓解”，疼痛的缓解也就是初次疼痛评分减去治疗后的疼痛评分，此方法称为疼痛缓解的视觉模拟评分法（VAP）。

VAS 的优缺点：

优点——容易解释，应用方便，老人容易理解便于记忆。

缺点——敏感性和准确性稍差，评估结果取决于患者的理解和表达。

（2）数字分级法。

数字分级法指用 0~10 代表不同程度的疼痛，0 为无痛，10 为剧痛，如图 2-3 所示。评估员应询问老人，“您的疼痛有多严重”，或让老人自己圈出一个最能代表自身疼痛程度的数字。

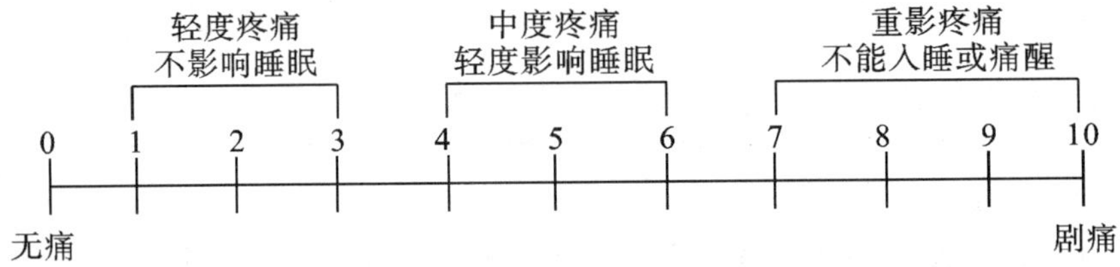

图 2-3　数字分级法

（3）面部表情疼痛量表法（FPS）。

FPS 较为客观且方便，是在模拟法的基础上发展而来，使用从快乐到悲伤直至哭泣的 6 个不同表现的面容，简单易懂，适用面相对较广，即使是不能完全用语言表达清楚的幼儿也能用 FPS 评估以供临床参考（见图 2-4）。

图 2. 4　面部表情疼痛量表示意图

FPS 的优缺点：

优点——即使是学习或语言表达能力薄弱者或老年患者也适用。

缺点——面部表情疼痛法不能反映疼痛表情变化及强度变化。

（4）言语描述量表（VRS）。

言语描述量表采用无痛、轻度疼痛、中度疼痛、重度疼痛、剧烈疼痛、无法忍受等词语来表达疼痛的程度。该方法的词语易于理解，可随时口头表达，沟通方便，满足患者的心理需求，但不适于语言表达患者。言语描述量表见表 2-14。

表 2-14　言语描述量表

疼痛级别	疼痛表现
轻度疼痛	可忍受，能正常生活睡眠
中度疼痛	轻度影响睡眠，需用止痛药
重度疼痛	干扰睡眠，需用麻醉止痛药
剧烈疼痛	干扰睡眠较重，伴有其他症状，需到医院系统检查治疗
无法忍受	严重干扰睡眠，伴有其他症状或被动体位，需到医院系统检查治疗

（5）行为疼痛评估量表。

行为疼痛评估量表的评估基础是疼痛的生理反应。该量表观察 5 个指标——脸部表情、休息、肌紧张、发声、安抚。各指标单项 0~2 分，总分 10 分。该量表适用于无法配合完成评估的成人及婴幼儿，行为疼痛评估量表见表 2-15。

表 2-15　行为疼痛评估量表

项目	0	1	2
脸部表情	脸部肌肉放松	脸部肌肉紧张，皱眉，脸部肌肉扭曲	经常或一直皱眉，咬紧牙床
休息	安静，表情安详，肢体活动正常	偶尔休息不好，并改变体位	经常休息不好，频繁改变体位，如改变四肢和头部体位
肌紧张	肌张力正常，肌肉放松	肌张力增加，手指或脚趾屈曲	肌肉僵硬
发声	无异常发声	偶尔发出呻吟声、哼声，哭泣或啜泣	频繁发出呻吟声、哼声，哭泣或啜泣
安抚	满足的，放松的	通过谈话分散注意力得到安抚	很难通过抚摸、谈话得到安抚

3. 疼痛评估频率

（1）镇痛方法、止痛药物、止痛药剂量、止痛途径更改后必须评估（非消化道途径给予镇痛药物后 30 分钟必须评估；口服途径给予镇痛药物后 1 小时必须评估）。

（2）当病人报告疼痛，或出现新的疼痛时必须评估。

（3）昏迷和病人正常入睡时，不需要进行疼痛评估。

四、尿失禁评估

尿失禁是指由于膀胱括约肌损伤或神经功能障碍而丧失排尿自控能力，使尿液不自主地流出。各年龄组均可出现，但以老年人更常见，这不是衰老的表现，也不是不可逆的。

案例导学与分析

案例导学

梁某某，男，63 岁，从入住养老院前就出现尿频、尿急、尿失禁、使用保鲜袋接尿的情况。

分析：

如何对老人进行尿失禁评估？

1. 老年性尿失禁的分类及原因

（1）压力性尿失禁：骨盆底肌或括约肌松弛、尿道问题、腹压增加。

（2）急迫性尿失禁：逼尿肌问题、中枢系统控制不良。

（3）充盈性尿失禁：膀胱收缩不良、合并糖尿病（DM）或脊椎外伤（SCI）。

（4）功能性尿失禁：老年痴呆、心理因素、神经系统问题。

案例导学与分析

案例导学

张婆婆，58 岁，最近常常不知不觉尿湿内裤，量不大，每天清晨较严重，白天和晚上相对好些。

分析：

请说明这是什么原因？

2. 评估的目的

评估的目的是让评估员知道老人尿失禁程度，判断其生活自理能力，从而制订针对老人的治疗和护理计划，并评估治疗效果；让评估员了解患者排尿功能及其影响因素，选择干预措施，让老人能恢复健康，提高生活质量。

3. 尿失禁评估

（1）个人资料。个人资料包括体重、婚姻状况、居住情况、饮食习惯（饮水、纤维摄入）、如厕习惯。

（2）询问病史。

（3）询问药物服用情况。药物服用包括利尿药、抗抑郁药、镇静药、抗胆碱药物、止痛药。

（4）排尿情况及排便情况（见表 2-16）。

表 2-16 尿失禁问卷表

序号	评估项目	评估内容	评分	得分
1	出生日期	年 月 日		
2	性别	男 女		
3	遗尿的次数	从来不漏尿	0	
		一星期大约漏尿 1 次或总共不到 1 次	1	
		一星期漏尿 2 次或 3 次	2	
		每天大约漏尿 1 次	3	
		一天漏尿数次	4	
		一直漏尿	5	
4	漏尿的量是多少（不管您是否使用了防护用品）	不漏尿	0	
		少量漏尿	2	
		中等量漏尿	4	
		大量漏尿	6	
5	总体上看，漏尿对您日常生活影响程度如何	请在 0（表示没有影响）~10（表示有很大影响）之间的某个数字上画圈 0 1 2 3 4 5 6 7 8 9 10		
6	什么时候发生漏尿	从不漏尿		
		未能到达厕所就会有尿液漏出		
		在咳嗽或打喷嚏时漏尿		
		在睡着时漏尿		
		在活动或体育运动时漏尿		
		在小便完和穿好衣服时漏尿		
		在没有明显理由的情况下漏尿		
		在所有时间内漏尿		

把第 3~5 个问题的分数相加，得出程度诊断（见表 2-17）。

表 2-17 尿失禁程度诊断

总分	尿失禁程度	干预措施
0	无症状	不需要处理
1~7 分	轻度尿失禁	不需要佩戴尿垫，在医师或康复师指导下进行自控训练
7~14 分	中度尿失禁	需要佩戴尿垫，可进行物理治疗或手术治疗
15~21 分	重度尿失禁	严重影响正常生活和社交活动，到专科医院或老年病医院系统治疗

针对尿失禁程度诊断的不同结果，具体解释如下：

轻度：一般活动及夜间无尿失禁，腹压增加时偶发尿失禁，不需佩戴尿垫。

中度：腹压增加或起立活动时，有频繁的尿失禁，需要佩戴尿垫生活。

重度：起立活动或卧位体位变化时即有尿失禁，严重影响患者的生活和社交活动。

老年尿失禁要注重健康教育，包括住院疾病知识指导、心理调适指导、生活起居指导、饮食搭配指导及治疗知识指导。

五、多重用药的评估

老年多重用药是指老年患者因共病同时使用5种及以上的药物，可分为适当多重用药和不适当多重用药。1985年世界卫生组织提出合理用药的三个基本要素为安全、有效、经济。药物不良反应（ADR）的发生率为：41~50岁是12%，80岁以上是25%。

老年人多重用药的后果：产生不良反应或发生药物中毒；增加老年综合征的发生风险；多重用药浪费有限的医疗资源；影响老年人的生活质量。

（1）老年人用药原则。

①受益原则：明确药物适应症，选择疗效确切、风险小的药物，评估老人的受益程度或风险程度。

②五种药物原则：避免使用不必要或不重要的药物，控制药品种类，减少不良反应。

③小剂量原则：低起点，慢增量。

④择时原则：选择合适的用药时间，以达到提高疗效和减少毒副作用的目的。

⑤暂停原则：怀疑有不良反应，立即减量或停药。

⑥及时停药原则：凡是不需要长期服用或疗效不确切、耐受性差、未按医嘱使用的药物都应及时停止服用。

（2）老年患者相关的潜在不适当用药（Beer标准，2012年版）及慎用药物。

根据老年人用药应遵循安全、有效、经济原则，多学科干预有利于多重用药副作用管理，以下具体描述老年患者潜在不适当用药（表2-18）、老年患者慎用药物（表2-19）。

表2-18　老年患者潜在不适当用药

疾病	药物	使用建议
心力衰竭（心衰）	NSAIDs及环氧化酶2（COX-2）抑制剂，地尔硫卓，维拉帕米（仅在收缩性心衰患者中避免）、罗格列酮、吡格列酮、西洛他唑	避免使用。否则可能导致体液潴留，加重心衰
晕厥	胆碱酯酶抑制剂，多沙唑嗪，哌唑嗪，特拉唑嗪，叔胺类TCAs，氯丙嗪，奥氮平	避免使用。否则可能增加直立性低血压或心动过缓的风险

表2-18(续)

疾病	药物	使用建议
癫痫或癫痫发作	氯丙嗪，氯氮平，马普替林，奥氮平，曲马多，硫噻吨，马普替林	避免使用；降低癫痫发作阈值；对于癫痫控制较好，其他可选药物效果较差时，可以使用
谵妄	所有三环类抗抑郁药（TCAs），抗胆碱能药，苯二氮卓类，氯丙嗪，糖皮质激素，H2受体拮抗剂，哌替啶，镇静催眠药	避免用于存在谵妄风险的老年人，否则可能诱发或加重谵妄；停药时需缓慢
痴呆及认知功能受损	抗胆碱能药，苯二氮卓类，H2受体拮抗剂，吡唑坦，抗精神病药	避免使用，否则中枢神经系统易产生不良反应；避免用于治疗痴呆患者的行为异常问题，除非非药物治疗失败或患者对自己或他人造成威胁；使用该药物可能增加痴呆患者的脑血管意外或死亡风险
跌倒及骨折史	抗惊厥药，抗精神病药，苯二氮卓类，非苯二氮卓类镇静催眠药（佐匹克隆、唑吡坦）、TCAs/SSRI	避免使用，除非其他可选药物不可用；避免使用抗惊厥药用于癫痫以外的治疗；可能导致共济失调、损伤精神运动功能、晕厥及跌倒；短效苯二氯Ⅲ类并不比长效的更安全
失眠	伪麻黄碱，去氧肾上腺素，哌甲酯，茶碱，咖啡因，安非他明，阿莫非尼	避免使用，因为该类药物具有中枢兴奋作用
帕金森	所有抗精神病药（喹硫平及氯氮平除外），甲氧氯普胺，异丙嗪	避免使用，因为多巴胺受体拮抗剂可能加重帕金森症状
慢性便秘	达非那新，索非那新，托特罗定，地尔硫卓，维拉帕米，氯苯那敏，赛庚啶，苯海拉明，异丙嗪，抗精神病药，颠茄类生物碱，莨菪碱，东莨菪碱，阿米替林，多塞平	避免使用，因为该类药物可能加重便秘，除非无其他选择
胃或十二指溃疡史	阿司匹林>325mg/d，非COX-2选择性NSAIDs	避免长期使用，除非其他可选择药物疗效不佳，并且患者应服用胃黏膜保护剂（如PPI等），否则可能加重已存在的溃疡或引起新溃疡
慢性肾病Ⅳ~Ⅴ期	NSAIDs，氨苯碟啶	避免使用，该类药物可能增加肾损伤风险（氨苯碟啶影响较小）
女性尿失禁	雌激素（口服和经皮，不包括阴道用）	女性避免使用，否则易加重尿失禁
下尿路症状，良性前列腺增生	吸入抗胆碱制剂，强效抗胆碱药，用于尿失禁的抗胆碱能药物除外	男性避免使用，否则易导致尿流变细，尿潴留
压力性或混合性尿失禁	多沙唑嗪，哌唑嗪，特拉唑嗪	女性避免使用，否则易加重尿失禁

表 2-19　老年患者慎用药物

药物	使用建议
阿司匹林	≥80 岁老年人慎用；缺少证据显示，在≥80 岁老年人中使用后获益大于风险
普拉格雷	≥75 岁老年人慎用
抗精神病药，卡马西平，卡帕，顺铂，米氮平，羟色胺与去甲肾上腺素再摄取抑制剂类，SSRIs，TCAs，长春新碱	慎用：可能引起或加重抗利尿素分泌异常综合症（SLADH）或低钠血症，老年人开始使用或调整剂量期间需密切监测血钠
扩血管药	慎用：个别有昏厥史的患者可能加重昏厥发作

六、撰写评估报告

常见老年综合征的评估结果

姓名________ 性别　□男　　□女　　年龄________ 民族______ 编号__________

联系电话________________________

常见老年综合征评估结果

	跌倒评估	压力性损伤评估	疼痛评估	大小便失禁
评分				
等级/解析				

常见老年综合征评估结论

注：评估师填写整体评估的结论并给出一些建议

评估人：__________

日　期：__________

参考文献

[1] 宋岳涛. 老年综合评估 [M]. 北京：中国协和医科大学出版社，2012.

[2] 陈峥. 老年综合征管理指南 [M]. 北京：中国协和医科大学出版社，2010.

[3] 阮恒芳，黄水英，徐桂红，等. 新护士应用 Morse 评分量表预防住院病人跌倒情况的调查分析 [J]. 全科护理，2012，10 (10)：2669-2670.

[4] 刘墩秀，丁福，何锡珍，等. 汉化版 Morse 跌倒评估表临床应用现状调查及对策 [J]. 护理学杂志，2014，29 (19)：37-39.

[5] 项丹妮，郑松柏. 老年病科常用评估工具及其应用 [J]. 中华老年病研究电子杂志，2018，5 (1)：23-36.

[6] 周君桂，李亚洁，范建中，等. 临床护士应用 Morse 跌倒评估量表情况分析 [J]. 护理学杂志，2010，25 (10)：11-13.

[7] 王雅磊，刘腊梅，张振香. 老年人跌倒评估工具的研究进展 [J]. 中国老年学杂志，2019，39 (9)：2294-2298.

[8] 李健玲，罗细玲，李蜀，等. 住院患者跌倒的预防和护理 [J]. 中医临床研究，2018，10 (3)：111-113.

[9] 侯珏，闫爱辉. 国内养老机构中老年人跌倒的研究进展 [J]. 中国民康医学，2018，30 (17)：68-70.

[10] 杨淑云，李丽. 老年慢性疼痛患者的护理 [J]. 继续医学教育，2018，32 (11)：122-123.

[11] 宰坤，刘春艳，王庆，等. 老年患者压疮发生的危险因素和护理管理 [J]. 中国卫生产业，2017，14 (12)：116-117.

[12] 宋雪露. Braden 危险因素评估表在压疮预防中的作用 [J]. 中国社区医师，2017，33 (10)：127-128.

[13] 张春燕. Braden 压疮风险评估量表在高龄患者压疮预防管理中的应用 [J]. 中西医结合研究，2016，8 (6)：327-328.

[14] 周丽. 应用 Braden 量表（修订版）评估压疮危险评估因素 [J]. 中国冶金工业医学杂志，2016，33 (5)：515-516.

[15] 张云轩，沈杰，周海峰，等. 减少老年患者多重用药评估方法的研究进展 [J]. 中国临床药学杂志，2017，26 (5)：349-352.

[16] 程云，程倩秋. 老年人尿失禁的评估与护理 [J]. 上海护理，2019，19 (3)：73-75.

[17] 吴玥，汪银锋，谢臻蔚. 老年女性压力性尿失禁的评估与治疗 [J]. 中华老年病研究电子杂志，2018，5 (2)：23-26.

第五节　精神心理评估

学习目标

1. 掌握常用精神心理评估量表的使用。
2. 掌握精神心理评估的目的、内容与方法。
3. 掌握评估报告的撰写技能。
4. 熟悉老年人认知功能的特点。
5. 熟悉老年人情绪状态的特点。
6. 了解老年人常见认知功能障碍，老年抑郁、焦虑等。
7. 了解精神心理评估的目的和意义。
8. 具备运用相关量表对老人精神心理状态进行评估的能力。

精神心理评估指在生物、心理、社会、医学模式的共同指导下，评估员综合运用谈话、观察、测验的方法，对个体或团体的心理现象进行全面、系统和深入分析的总称。精神心理评估的范围既涉及了疾病，又涉及了健康。养老机构实施精神心理评估对制定老人照护计划有着重要的作用，因为它体现了养老服务的全面性，同时也为机构开展养老服务规避了风险。

一、评估的目的

在实际工作中，精神心理评估常常需要有所侧重，但在分析结果时又要全面考虑多种因素的影响。总体而言，精神心理评估主要有以下的目的与意义：发现现存或潜在的心理或精神健康问题，为心理和精神健康护理提供依据，同时采取预防措施，提前规避风险。

二、评估的方法

精神心理评估的方法较多，有观察法、会谈法、心理测验法、医学检验法等，其中会谈法是精神心理评估最常用的方法。综合应用各种方法，可采集到更完善、更全面的健康资料。心理评估常用的方法与评价见表 2-20。

表 2-20　心理评估常用的方法与评价

方法	分类	评价
会谈法	正式会谈	在特定场所，由专业人员，按照问题提纲有目的、有计划、有步骤地开展会谈
	非正式会谈	日常生活情境中，自然、开放地交谈
观察法	自然观察	在自然条件下，观察心理现象的外部活动，如姿态、表情、言语、情绪状态等
	控制观察	在特殊的实验环境下，观察对特定刺激的反应，如观察力、思维力、判断力等
心理测量法	评估量表评估	用标准化的量表来测量某种心理品质

三、评估的注意事项

（1）注重评估方法的针对性和有效性。

根据被评估者的个人特质、教育背景、生活环境等，评估员应选择不同的评估方法，切不可选用同一种方法评估所有老人。

（2）注意有效沟通的方法和技巧。

评估员应真诚地倾听，言语友好，不轻易打断老人诉说，与老人进行友好的目光交流，语言通俗易懂，少用专业词汇。

（3）注意主观资料与客观资料的比较。

评估员应同时采集主观资料和客观资料，分析老人的心理状况。如评估睡眠状况时，评估员不能仅仅依据“我几乎睡不着”等叙述即下结论，应结合所观察到的睡眠情况进行综合判断。

（4）评估员应注重老人目前的心理状态。

四、评估的内容

（一）老年人认知功能

老年人认知功能主要反映老年人对周围环境和对自身所处状况的识别能力，它对老年人晚年能否独立生活以及生活质量的高低有着重要的影响；达到一定年龄阶段的老年人，均会伴有不同程度的认知功能障碍，涉及感觉、知觉、学习、注意、记忆、思维、语言等过程。

1. 评估工具

老年人认知功能评估常采用的量表是简易智能评估量表（简易精神状态检查 MMSE）、画钟试验（CDT）。

（1）简易精神状态评估量表（MMSE）。

简易精神状况评估量表的内容包括五项：定向力（时间定向、空间定向）、记忆力、注意和计算力、回忆能力、语言能力，具体评估内容和标准见表 2-21 和表 2-22。

表 2-21 简易精神状态量表（MMSE）

项目	问题		评分	
时间定向（5 分）		今天星期几	1	0
		今天几号	1	0
		现在是几月份	1	0
		现在是什么季节	1	0
		今年是哪一年	1	0
空间定向（5 分）		省（市）	1	0
		县（区）	1	0
		乡（镇、街道）	1	0
		这是什么地方	1	0
		第几层楼	1	0
记忆力（3 分）		皮球	1	0
		国旗	1	0
		树木	1	0
注意和计算力（5 分）		100-7=	1	0
		93-7=	1	0
		86-7=	1	0
		79-7=	1	0
		72-7=	1	0
回忆能力（3 分）		皮球	1	0
		国旗	1	0
		树木	1	0
语言能力（9 分）	物体命名	铅笔	1	0
		手表	1	0
	语言复述	复述瑞雪兆丰年	1	0
	阅读能力	按卡片上的指令执行动作（闭上您的眼睛）	1	0
	三步命令	用右手拿纸	1	0
		将纸对折	1	0
		将纸放在左大腿上	1	0
	书写能力	写一句完整的句子	1	0
	结构能力	按样作图 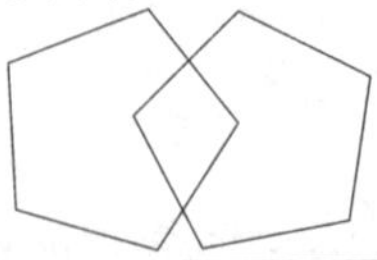	1	0

注：评分标准即答对 1 分，答错 0 分。

表 2-22　MMSE 认知功能受损程度分度表

文化程度	轻度受损	中度受损	重度受损
文盲	14~17 分	5~13 分	小于等于 4 分
小学文化	16~20 分	8~15 分	小于等于 7 分
中学文化及以上	20~24 分	11~19 分	小于等于 10 分

（2）画钟试验（CDT）。

CDT 可以区分老人认知功能水平。CDT 有多种评定方法，其中“0~4 分法”简单，敏感，易操作，在评估中被广泛运用。

方法：要求老人在白纸上独立画出一个钟面，并且按照指示用指针标出指定的时间。

评分标准：

①画一个封闭的圆得 1 分；

②表盘的 12 个数字正确得 1 分；

③将数字安置在表盘的正确位置得 1 分；

④将指针安置在正确的位置得 1 分。

判定结果：得分为 2、1、0 分的分别为轻、中、重度的认知功能受损。

2. 评估量表操作说明

认知功能评估的工具主要是简易智能评估量表（简易精神状态检查 MMSE）、画钟试验（CDT），现主要对 MMSE 量表的使用进行详细说明，见表 2-23。注意：该部分仅限被测试者回答。

表 2-23　评估量表操作说明

评估指标	操作说明	给分标准
定向力 10 分	共有 10 个问题，建议提问“由大到小”，即先问年份、再问季节、月份等，每答对一题得一分。同理依次提问，“您能告诉我您住在什么省市吗”（区县、街道、什么小区、第几层楼），每答对一题得一分	每说对一个记 1 分，日期和星期差一天可计正常。月、日可以记阴历。如受访者少说了其中一个或几个（如忘记说月份、星期几等），调查员应该补充再问一遍受访者遗漏的内容，并给予老人一定的思考时间
记忆力 3 分	告诉被测试者将问几个问题来检查他/她的记忆力，然后清楚、缓慢地说出 3 个彼此无关（无关包含两个层面：不同类、无明显联系）的东西的名称（如：皮球、国旗、树木，大约 1 秒钟说一个），说完所有的 3 个名称之后，要求被测试者重复它们。被测试者的得分取决于他们首次重复的答案	要求老人记忆 3 个性质不同的物件，答对 1 个得 1 分，最多得 3 分，回答顺序不影响得分。如果他们没能完全记住，评估员可以重复，但重复的次数不能超过 5 次。如果 5 次后他们仍未记住所有的 3 个名称，那么对于回忆能力的检查就没有意义了。（请跳过第四部分“回忆能力”检查）

表2-23(续)

评估指标	操作说明	给分标准
注意力和计算能力5分	要求老人从100开始减7，之后再减7，一直减5次（即93，86，79，72，65）。每答对1个得1分，如果前次错了，但下一个答案在错误的答案基础上是对的，也得1分	记分方式为0或2分，没有1分。评估员不能帮助老人记答案，如老人说100减7等于93，评估员不能接着说93减7等于多少，而只能说再减7等于多少
回忆力3分	如果前次被测试者完全记住了3个名称（皮球、国旗、树木），现在就让他们再重复一遍。每正确重复1个得1分。最高3分	回答顺序不影响得分
语言能力9分	命名能力（0~2分）：拿出手表卡片给测试者看，要求他们说出这是什么，之后拿出铅笔问他们同样的问题	能正确命名记1分
	复述能力（0~1分）：要求被测试者注意评估员说的话并重复一次，注意只允许重复一次。需要注意这句话不能过于简单，原则上需要有完整的主谓宾结构	考查受访者的短期记忆。只有正确、咬字清楚的才记1分。不论受访者回忆能力的完成情况如何，这里都要求受访者复述一遍
	阅读能力（0~1分）：拿出一张“闭上您的眼睛”卡片给被测试者看，要求被测试者读它并按要求去做	只有他们确实闭上眼睛才能得分
	三步命令（0~3分）：准备一张白纸，要求老人用右手把纸拿起来，将它对折，放在左腿上。评估员把三个命令连续说完后老人再做动作。注意不要重复或示范	只有按正确顺序做的动作才算正确，每个正确动作计1分，共3分
	书写能力（0~1分）：给被测试者一张白纸，让他们自发地写出一句完整的句子。句子必须有主语和动词，并有意义。注意评估员不能给予任何提示	语法和标点的错误可以忽略。如果受访者在2分钟之内仍不能写出合格的句子记0分
	结构能力（0~1分）：在一张白纸上画有交叉的两个五边形，要求被测试者照样准确地画出来	五边形需画出5个清楚的角和5个边。同时，两个五边形交叉处形成菱形。线条的抖动和图形的旋转可以忽略

（二）老年人情绪状态

情绪，是对一系列主观认知经验的通称，是多种感觉、思想和行为综合产生的心理和生理状态。最基本的情绪有喜、怒、哀、惧等。情绪常和心情、性格、脾气、目的等因素互相作用，也受到荷尔蒙和神经递质的影响。焦虑和抑郁是老年人较为常见的情绪。

1. 老年焦虑

老年焦虑是老年人常见的一种情绪状态，通常是由于达不到目标或不能克服障碍，致使自尊心或自信心受挫，或使失败感、内疚感增加，所形成的一种紧张不安且带有恐惧性的情绪状态。一般而言，老年焦虑可分为三大类：①现实性或客观性焦虑。②广泛性焦虑，即不仅对特殊的事物或情境产生焦虑性反应，而且对任何情况都可能产生焦虑反应。③道德性焦虑，即由于违背社会道德标准，在社会要求和自我表现发生冲突时，引起内疚感所产生的情绪反应。

焦虑如果达到较严重的程度，如目标与客观事件或处境明显不符，或者焦虑情绪持续时间过长时，则可能是焦虑症，又称焦虑性神经官能症。焦虑症是以焦虑情绪为中心症状，呈急性发作形式或慢性持续状态，并伴有以植物神经功能紊乱为特征的一种神经官能症。

（1）焦虑的临床表现。

①无明显原因的紧张不安、担忧、焦虑、烦躁、脾气暴躁、易兴奋、害怕等。

②明显的植物神经紊乱，如心悸、气粗、胸闷、喉部堵塞感、口干、出汗、肌肉紧张、食欲不振、尿频、尿急等，且常有运动性紧张，如肌肉紧张、颤抖、搓手顿足、坐立不安等表现。

③常伴有睡眠障碍，如失眠，表现为入睡困难、彻夜不眠、突然惊醒等。

（2）评估工具。

常用的评估工具是汉密尔顿焦虑量表（HAMA），具体见表 2-24。

表 2-24　汉密尔顿焦虑量表（HAMA）

序号	评估项目	评估内容	无	轻微	中等	较重	严重
1	焦虑心境	担心、担忧，感到有坏事情将要发生，易激惹	0	1	2	3	4
2	紧张	易紧张、易疲劳、不能放松，情绪反应大，易哭、颤抖、感到不安	0	1	2	3	4
3	害怕	害怕黑暗、陌生人、独处、动物、乘车、旅行及人多的场合	0	1	2	3	4
4	失眠	难以入睡、易醒、睡得不深、多梦、梦魇、夜惊、醒后感到疲倦	0	1	2	3	4
5	认知功能	或称记忆、注意力障碍，注意力不能集中，记忆力差	0	1	2	3	4
6	抑郁心境	丧失兴趣、对以往爱好缺乏快感，抑郁、早醒、昼重夜轻	0	1	2	3	4
7	躯体性焦虑（肌肉系统）	肌肉酸痛、活动不灵活、肌肉抽动，肢体抽动、牙齿打颤、声音发抖	0	1	2	3	4

表2-24(续)

序号	评估项目	评估内容	无	轻微	中等	较重	严重
8	躯体性焦虑（感觉系统）	视物模糊、发冷发热、软弱无力感、浑身刺痛	0	1	2	3	4
9	心血管系统症状	心跳过速、心悸、胸痛、血管跳动感、昏倒感、心博脱漏	0	1	2	3	4
10	呼吸系统症状	胸闷、窒息感、叹息、呼吸困难	0	1	2	3	4
11	胃肠道症状	吞咽困难、嗳气、消化不良（进食后腹痛、胃部烧灼感；腹胀、恶心、胃部饱感）、肠动感、肠鸣、腹泻、体重减轻、便秘	0	1	2	3	4
12	生殖泌尿系统症状	尿意频数、尿急、停经、性冷淡、过早射精、勃起不能、阳痿	0	1	2	3	4
13	植物神经系统症状	口干、潮红、苍白、易出汗、易起“鸡皮疙瘩”、紧张性头痛、毛发竖起	0	1	2	3	4
14	会谈时行为表现	（1）一般表现：紧张、不能松弛、忐忑不安、咬手指、紧紧握拳、摸弄手帕、面部肌肉抽动、不停顿足、手发抖、皱眉、表情僵硬、肌张力高、叹息样呼吸、面色苍白；（2）生理表现：吞咽、打嗝、安静时心率快、呼吸快（20次/分以上）、腱反射亢进、震颤、瞳孔放大、眼睑跳动、易出汗、眼球突出	0	1	2	3	4

（3）评估结果。

计分方式：所有项得分相加。

评估解析：总分超过29分，有严重焦虑；21～29分（含29分），有明显焦虑症状；14～21分（含21分），有焦虑症状；7～14分（含7分和14分），可能存在焦虑；如小于7分，没有焦虑症状。一般来说，HAMA总分高于14分，提示被评估者具有临床意义的焦虑症状。

2. 老年抑郁

老年抑郁指以心境低落为主的精神状态，常伴有各种症状，如焦虑、激越、无价值感、无助感、绝望感、自杀倾向、意志减退、精神运动迟滞及各种躯体症状和生理机能障碍（如失眠）。老年抑郁泛指存在于老年期的抑郁相关症候群，是由各种原因引起的一种心理障碍，包括原发性抑郁和继发性抑郁。

（1）临床表现。

抑郁心境、思维迟缓和妄想症状、抑郁性木僵、躯体症状、自杀观念和行为，且伴有失眠、便秘、腹泻等症状，生活质量下降，家庭压力增加。

（2）评估工具。

评估工具主要是老年抑郁评估量表（GDS-30），见表 2-25。

表 2-25 老年抑郁评估量表（GDS-30）

序号	选择最切合您最近一周来的感受的答案	是	否
1	你对生活基本上满意吗?	0	1
2	你是否已经放弃了许多活动和兴趣?	1	0
3	你是否觉得生活空虚?	1	0
4	你是否常感到厌倦?	1	0
5	你觉得未来有希望吗?	0	1
6	你是否因为脑子里有一些想法摆脱不掉而烦恼?	1	0
7	你是否大部分时间精力充沛?	0	1
8	你是否害怕会有不幸的事落到你头上?	1	0
9	你是否大部分时间感到幸福?	0	1
10	你是否常感到孤立无援?	1	0
11	你是否经常坐立不安，心烦意乱?	1	0
12	你是否希望待在家里而不愿意去做些新鲜事?	1	0
13	你是否常常担心将来?	1	0
14	你是否觉得记忆力比以前差?	1	0
15	你是否觉得现在的生活很惬意?	0	1
16	你是否常感到心情沉重、郁闷?	1	0
17	你是否觉得现在的生活毫无意义?	1	0
18	你是否常为过去的事忧愁?	1	0
19	你觉得生活很令人兴奋吗?	0	1
20	你开始一件新的工作困难吗?	1	0
21	你觉得生活充满活力吗?	0	1
22	你是否觉得你的处境毫无希望?	1	0
23	你是否觉得大多数人比你强得多?	1	0
24	你是否常为些小事伤心?	1	0
25	你是否常觉得想哭?	1	0
26	你集中精力困难吗?	1	0
27	你早晨起床感到很快乐吗?	0	1

表2-25(续)

序号	选择最切合您最近一周来的感受的答案	是	否
28	你希望避开聚会吗?	1	0
29	你做决定很容易吗?	0	1
30	你的头脑像往常一样清晰吗?	0	1

(3) 评估结果。

计分方式：第1，5，7，9，15，19，21，27，29，30题回答为“否”得1分；第2，3，4，6，8，10，11，12，13，14，16，17，18，20，22，23，24，25，26，28题回答为“是”得1分。

评估解析：评估结果用于一般筛查目的时建议采用：总分为0~10分，无明显抑郁症状；11~20分，有轻度抑郁症状；21~30分，有中重度抑郁症状。

案例导学与分析

案例导学

李大爷，汉族，79岁，高中毕业。其妻今年5月因车祸去世，育有1女，45岁，在外地生活。李大爷信仰佛教，愿意独自在家，不会主动和他人交流。据保姆描述，他经常给女儿写信，但思维逻辑混乱，不知所云，常常不能理解家人的话语，无法记住近期发生的事情。李大爷饭后会出现胸口疼痛、头晕、胸闷、心慌，呼吸不畅，反复咳喘，睡眠不好的症状；常年伴有高血压、糖尿病，之前发生中风后卧床静养；现背部、臀部等部位皮肤发红，并伴有疼痛；大小便可以自控，走路需要扶拐杖、不能够上下楼梯；穿衣服需要保姆少量帮助、洗澡需要保姆少量帮助、吃饭可以自理，能够自己翻身、起坐。

分析：

结合案例，如何对李大爷实施精神心理评估?

知识拓展：SCL-90症状自评量表

SCL-90症状自评量表

指导语：

下面是一些关于人可能会有的问题的陈述。请你仔细地阅读每个条目，然后根据最近一星期之内这些情况对你影响的实际感觉，在最符合的一项上划“√”。答案没有对、错之分。不要对每个陈述花太多的时间去考虑，但所给的回答应该最恰当地体现你现在的感觉。请注意不要漏题。

本问卷共90题，作答时间约15分钟。

（1）无；（2）很轻；（3）中等；（4）偏重；（5）严重

序号	陈述	无	很轻	中等	偏重	严重
1	头痛	1	2	3	4	5
2	神经过敏，心中不踏实	1	2	3	4	5
3	头脑中有不必要的想法或字句盘旋	1	2	3	4	5
4	头昏或昏倒	1	2	3	4	5
5	对异性的兴趣减退	1	2	3	4	5
6	对旁人责备求全	1	2	3	4	5
7	感到别人能控制你的思想	1	2	3	4	5
8	责怪别人制造麻烦	1	2	3	4	5
9	忘性大	1	2	3	4	5
10	担心自己的衣饰不够整齐及仪态不够端正	1	2	3	4	5
11	容易烦恼和激动	1	2	3	4	5
12	胸痛	1	2	3	4	5
13	害怕空旷的场所或街道	1	2	3	4	5
14	感到自己的精力下降，活动减慢	1	2	3	4	5
15	想结束自己的生命	1	2	3	4	5
16	听到旁人听不到的声音	1	2	3	4	5
17	发抖	1	2	3	4	5
18	感到大多数人都不可信任	1	2	3	4	5
19	胃口不好	1	2	3	4	5
20	容易哭泣	1	2	3	4	5
21	同异性相处时感到害羞不自在	1	2	3	4	5
22	感到受骗、中了圈套或有人想抓您	1	2	3	4	5
23	无缘无故地突然感到害怕	1	2	3	4	5
24	自己不能控制地大发脾气	1	2	3	4	5
25	怕单独出门	1	2	3	4	5
26	经常责怪自己	1	2	3	4	5
27	腰痛	1	2	3	4	5
28	感到难以完成任务	1	2	3	4	5
29	感到孤独	1	2	3	4	5

序号	陈述	无	很轻	中等	偏重	严重
30	感到苦闷	1	2	3	4	5
31	过分担忧	1	2	3	4	5
32	对事物不感兴趣	1	2	3	4	5
33	感到害怕	1	2	3	4	5
34	感情容易受到伤害	1	2	3	4	5
35	旁人能知道您的私下想法	1	2	3	4	5
36	感到别人不理解、不同情您	1	2	3	4	5
37	感到人们对您不友好，不喜欢您	1	2	3	4	5
38	做事必须做得很慢以保证做得正确	1	2	3	4	5
39	心跳得很厉害	1	2	3	4	5
40	恶心或胃部不舒服	1	2	3	4	5
41	感到比不上他人	1	2	3	4	5
42	肌肉酸痛	1	2	3	4	5
43	感到有人在监视、谈论您	1	2	3	4	5
44	难以入睡	1	2	3	4	5
45	做事必须反复检查	1	2	3	4	5
46	难以做出决定	1	2	3	4	5
47	怕乘电车、公共汽车、地铁或火车	1	2	3	4	5
48	呼吸有困难	1	2	3	4	5
49	一阵阵发冷或发热	1	2	3	4	5
50	因为感到害怕而避开某些东西，场合或活动	1	2	3	4	5
51	脑子变空了	1	2	3	4	5
52	身体发麻或刺痛	1	2	3	4	5
53	喉咙有梗塞感	1	2	3	4	5
54	感到对前途没有希望	1	2	3	4	5
55	不能集中注意力	1	2	3	4	5
56	感到身体的某一部分较弱无力	1	2	3	4	5
57	感到紧张或容易紧张	1	2	3	4	5
58	感到手或脚发沉	1	2	3	4	5
59	想到有关死亡的事	1	2	3	4	5

序号	陈述	无	很轻	中等	偏重	严重
60	吃得太多	1	2	3	4	5
61	被别人看着或谈论时感到不自在	1	2	3	4	5
62	有一些不属于您自己的想法	1	2	3	4	5
63	有想打人或伤害他人的冲动	1	2	3	4	5
64	醒得太早	1	2	3	4	5
65	必须反复洗手、点数目或触摸某些东西	1	2	3	4	5
66	睡得不稳不深	1	2	3	4	5
67	有想摔坏或破坏东西的冲动	1	2	3	4	5
68	有一些别人没有的想法或念头	1	2	3	4	5
69	感到对别人神经过敏	1	2	3	4	5
70	在商店或电影院等人多的地方感到不自在	1	2	3	4	5
71	感到任何事情都很难做	1	2	3	4	5
72	一阵阵恐惧或惊恐	1	2	3	4	5
73	感到在公共场合吃东西很不舒服	1	2	3	4	5
74	经常与人争论	1	2	3	4	5
75	单独一人时神经很紧张	1	2	3	4	5
76	认为别人对您的成绩没有做出恰当的评价	1	2	3	4	5
77	即使和别人在一起也感到孤单	1	2	3	4	5
78	感到坐立不安心神不宁	1	2	3	4	5
79	感到自己没有什么价值	1	2	3	4	5
80	感到熟悉的东西变成陌生或不像是真的	1	2	3	4	5
81	容易大叫或摔东西	1	2	3	4	5
82	害怕会在公共场合昏倒	1	2	3	4	5
83	感到别人想占您的便宜	1	2	3	4	5
84	为一些有关“性”的想法而很苦恼	1	2	3	4	5
85	认为应该因为自己的过错而受到惩罚	1	2	3	4	5
86	感到要赶快把事情做完	1	2	3	4	5
87	感到自己的身体有严重问题	1	2	3	4	5
88	从未感到和其他人很亲近	1	2	3	4	5
89	感到自己有罪	1	2	3	4	5
90	感到自己的脑子有毛病	1	2	3	4	5

评估时间：可以评估一个特定的时间，通常是评估一周时间。

评估解释：按全国常模结果，总分超过160分，或阳性项目数超过43项，或任一因子分超过2分，考虑筛选阳性，需进一步检查。

分析统计指标：

1. 总分

（1）总分是90个项目所得分之和。

（2）总症状指数，也称总均分，是将总分除以90（总均分=总分÷90）。

（3）阳性项目数是指评为2~5分的项目数，阳性症状痛苦水平是指总分除以阳性项目数（阳性症状痛苦水平=总分÷阳性项目数）。

（4）阳性症状均分是指总分减去阴性项目（评为1的项目）总分，再除以阳性项目数。

2. 因子分

SCL-90包括9个因子，每一个因子反映出病人某方面症状的痛苦情况，通过因子分可了解症状分布特点。

因子分=组成某一因子的各项目总分/组成某一因子的项目数

9个因子含义及所包含项目分别为：

（1）躯体化：包括1，4，12，27，40，42，48，49，52，53，56，58共12项。该因子主要反映身体不适感，包括心血管、胃肠道、呼吸和其他系统的主诉不适，头痛、背痛、肌肉酸痛以及焦虑的其他躯体表现。

（2）强迫症状：包括3，9，10，28，38，45，46，51，55，65共10项。该因子主要指那些明知没有必要，但又无法摆脱的无意义的思想、冲动和行为，还有一些比较一般的认知障碍的行为征象也在这一因子中反映。

（3）人际关系敏感：包括6，21，34，36，37，41，61，69，73共9项。该因子主要指某些不自在感与自卑感，特别是与其他人相比较时更加突出。在人际交往中的自卑感、心神不安、明显不自在以及人际交流中的自我意识，消极的期待亦是这方面症状的典型原因。

（4）抑郁：包括5，14，15，20，22，26，29，30，31，32，54，71，79共13项。苦闷的情感与心境为代表性症状，还以生活兴趣的减退、动力缺乏、活力丧失等为特征。该因子还反映失望、悲观以及与抑郁相联系的认知和躯体方面的感受，另外，还包括有关死亡的思想和自杀观念。

（5）焦虑：包括2，17，23，33，39，57，72，78，80，86共10项。焦虑一般指那些烦躁，坐立不安，神经过敏，紧张以及由此产生的躯体征象，如震颤等。游离不定的焦虑及惊恐发作是本因子的主要内容。另外，该因子还包括一项解体感受的项目。

（6）敌对：包括11，24，63，67，74，81共6项。该因子主要从三方面来反映敌对的表现：思想、感情及行为。其项目包括厌烦的感觉、摔物、争论直到不可控制的脾气爆发等各方面。

（7）恐怖：包括13，25，47，50，70，75，82共7项。恐惧的对象包括出门旅行、空旷场地、人群或公共场所和交通工具。此外，该因子还有反映社交恐怖的一些项目。

（8）偏执：包括8，18，43，68，76，83共6项。本因子围绕偏执性思维的基本特征而制定：主要指投射性思维、敌对、猜疑、关系观念、妄想、被动体验和夸大等。

（9）精神病性：包括7，16，35，62，77，84，85，87，88，90共10项。该因子反映各式各样的急性症状和行为，限定不严的精神病性过程的指征。此外，该因子也可以反映精神病性行为的继发征兆和分裂性生活方式的指征。

此外还有19，44，59，60，64，66，89共7个项目未归入任何因子，反映睡眠及饮食情况，分析时将这7项作为附加项目或其他，作为第10个因子来处理，以便使各因子分之和等于总分。

各因子的因子分的计算方法是：各因子所有项目的分数之和除以因子项目数。例如强迫症状因子各项目的分数之和假设为30，共有10个项目，所以因子分为3。在1~5评分制中，粗略简单的判断方法是看因子分是否超过3分，若超过3分，即表明该因子的症状已达到中等以上严重程度。下面是正常成人SCL-90的因子分常模，如果因子分超过常模即为异常。

项目	X+SD	项目	X+SD
躯体化	1. 37+0. 48	敌对性	1. 46+0. 55
强迫	1. 62+0. 58	恐怖	1. 23+0. 41
人际关系	1. 65+0. 61	偏执	1. 43+0. 57
抑郁	1. 5+0. 59	精神病性	1. 29+0. 42
焦虑	1. 39+0. 43		

四、评估报告的撰写

精神心理评估结果

姓名________ 性别 □男　　□女　　年龄________ 民族______ 编号__________

联系电话________________________

精神心理评估结果

	认知功能		情绪状态	
	画钟试验	（MMSE）	GDS-30	HAMA
评分				
等级/解析				

精神心理评估结论

注：评估师填写整体评估的结论并给出一些建议

评估人：__________

日　期：__________

参考文献

[1] 郭起浩，洪震. 神经心理评估［M］. 2版. 上海：上海科学技术出版社，2016.
[2] 彭聃龄. 普通心理学［M］. 4版. 西安：西北工业大学出版社，2014.
[3] 张志杰. 老年心理学［M］. 重庆：西南师范大学出版社，2015.

第六节　社会评估

学习目标

1. 掌握角色、文化、家庭、人际关系评估的内容和方法。
2. 掌握社会评估报告的撰写技能。
3. 熟悉角色、文化、家庭评估的注意事项。
4. 熟悉社会评估相关量表的使用。
5. 了解老年人社会评估的目的和意义。
6. 具备运用相关量表对老人实施评估的能力。

人的社会功能对其生理健康产生着重要的影响。因此在健康评估的实践中，评估员不仅要重视对老人的身体评估和精神心理评估，还应对其进行社会评估，这样才能获得更为全面、系统和准确的健康资料，以利于为其提供整体化的照护。

一、社会评估的目的

社会因素对于人体健康有种重大意义。因此，评估员通过对老人实施生理评估、心理评估、社会评估，能获取全面、系统和准确的健康资料。

评估员旨在通过社会评估，了解评估对象的以下情况：①有无角色紊乱和角色适应不良；②评估对象的文化背景和文化特征；③有无影响其健康的家庭因素；④社会关系是否和谐。

二、社会评估的方法

社会评估的方法有交谈法、观察法、量表评估法。

1. 交谈法

社会评估的主要方法是交谈法。交谈法是评估员通过与老人及家属或护理员的交谈、询问，以获取其健康相关资料的方法。

2. 观察法

观察法是指评估员通过观察老人肢体语言、面部表情，注意老人的客观表现，不被主观描述所误导，最后得出准确的评估资料。

3. 量表评估法

量表评估法是评估员运用量表对老人进行测量研究的方法。使用量表测量时，评估员根据被试者的回答对照计分，通过量表方法量化指标，使评估更加准确。

三、评估的注意事项

（1）评估员需要提前判断被评估者的语言表达能力、认知状态、文化水平，社会评估要求被评估者有一定的语言表达能力，认知水平良好，且达到一定文化水平方可进行。

（2）评估过程中评估员尽量做到提问简洁易懂。

（3）评估员谈话用词礼貌得体，吐词清楚。

（4）评估员应注意将老人客观表现与主观描述相结合，以获得更为准确的评估资料。

四、社会评估内容

1. 角色与角色适应评估

角色是社会所规定的一系列与社会地位相一致的规范与行为模式，是社会对处于某一特定地位的人的行为期待。

（1）角色分类。角色分类分为 3 类（见表 2-26），但角色分类是相对的，角色可以在不同的情况下相互转换。如病人角色，因为疾病是暂时的，可视为第三角色，然而当疾病变成慢性疾病时，病人角色也随之成为第二角色。

表 2-26　角色分类与评价

分类	评价
第一角色	基本角色，决定个体的主体行为，由年龄、性别决定的角色，如儿童角色、妇女角色、老人角色
第二角色	一般角色，系个体为完成每个生长发育阶段中的特定任务，由所处社会情形所确定的角色，如母亲角色、护士角色等
第三角色	独立角色，是为完成某些暂时性发展任务而临时承担的角色，如协会会员、病人角色等。

（2）角色形成。角色形成经历了角色认知和角色表现两个阶段。①角色认知：是个体认识自己和他人的身份、地位以及各种社会角色的区别与联系的过程。模仿是角色认知的基础，先对角色产生总体印象，然后深入角色的各个部分，认识角色的权利和义务。②角色表现：是个人为达到自己所认识的角色要求而采取的行动过程，也是角色成熟的过程。

（3）角色适应不良。角色适应不良是个体的角色表现与角色希望不协调，或无法达到角色期望的要求时所引起的主观情绪反应。角色适应不良的类型与评价见表 2-27。

表 2-27　角色适应不良类型

类型	评价
角色冲突	角色期望与角色表现差距大，使个体难以适应而发生的心理冲突与行为矛盾
角色模糊	因个体对角色期望不明确，不知承担该角色应该如何行动而造成的不适应反应。其原因有角色期望复杂、角色改变速度快、主角色与互补角色的沟通不良等
角色匹配不当	个体的自我概念、自我价值观或自我能力与其角色期望不匹配
角色负荷过重	个体角色行为难以达到过高的角色期望，如小学生做函数
角色负荷不足	对个体的角色期望过低，而使其能力不能完全发挥，如大学教授看大门

（4）特殊患病老人角色适应不良，见表 2-28。

表 2-28　特殊患病老人角色适应不良

角色强化（最常见）	当个体已恢复健康，须从病人角色向常态角色转变时，仍沉溺于病人角色，怀疑自我能力，对原承担的角色感到恐惧
角色缺失	为了不进入病人角色，不承认自己有病或对病人角色感到厌倦，也就是否认和不接纳病人角色。多见于初次生病

（5）角色适应不良的相关表现。

①生理表现：头痛，头晕，乏力，睡眠障碍，心律心率异常；肾上腺素、甘油三酯、胆固醇以及凝血时间异常。

②心理表现：紧张，伤感，焦虑，易激惹，自责，抑郁，孤独，空虚，自卑。

（6）老人角色适应不良的原因。

社会和家庭的权利、地位、经济状况，年龄等变化均可能成为角色适应不良的原因，主要包括以下三类：

①从职业角色转入闲暇角色；

②从主体角色演变为依赖角色；

③从配偶角色变为单身角色。

（7）角色评估内容与方法。

角色评估的内容主要包括角色数量、角色感知、角色满意度、角色紧张，评估员通过角色评估，判断老人是否出现角色适应不良以及老人属于哪种角色适用不良。评估方法主要是交谈法、观察法。角色评估内容见表 2-29。

表 2-29　角色评估的内容

项目	主要内容
角色数量	您之前从事何种职业 担任何种职务 目前在家庭、单位、社会上，您分别承担的角色与任务有哪些
角色感知	您清楚所承担角色的权利与义务吗
角色满意度	老人对自己的角色行为满意吗 （问：您退休后觉得还适应吗，对您生活的影响可以接受吗?）
角色紧张	老人有无角色紧张的生理和心理表现，如头痛、头晕、睡眠障碍、紧张、抑郁、易激惹 （问：①您觉得您身体怎么样？②您是否经常感到疲劳、失眠、头痛等?）

（8）角色评估的操作说明（见表 2-30）。

表 2-30　角色评估的操作说明

项目	询问方式
角色数量 角色感知 角色满意度 角色紧张	第一步：婆婆/爷爷，您之前是从事什么工作的呢? 第二步：曾经的工作有没有给您带来成就感? 第三步：那您现在还有没有承担相关的工作呢? 第四步：您现在在家庭里担任着哪些角色（身份）? 如丈夫、妻子、父母、爷爷、奶奶等。 第五步：您曾经担任这些角色（身份）时通常都做些什么事情? 第六步：您担任这些角色开心吗？满意吗? 第七步：如果不开心，则询问有没出现一些紧张的表现
评估结果：通过评估，判断是否出现角色模糊、角色冲突、角色负荷过重、角色紧张	

2. 文化评估

（1）文化。文化是一个社会及其成员所特有的物质和精神财富的总和，即特定人群为适应社会环境而共有的行为和价值模式。文化的特点包括民族性、继承性和积累性、获得性、共享性、复合性和双重性。

（2）文化的要素。文化包括知识、艺术价值观、信念、信仰、习俗、道德、法律与规范等，其中以价值观、信念与信仰、习俗为核心要素，并与健康密切相关。

①价值观。

价值观是指一个社会或者群体中的人们在长期社会化的过程中，通过后天学习逐步形成的、所共有的对区分食物的好与坏、对与错、符合或违背人的愿望、可行与不可行的观点、看法与准则。价值观是信念、态度和行为的基础，通过形成人的思想、观点、立场，建立目标与需要的优先顺序来指导个体的行为。价值观对健康的影响有：影响人们对健康问题的认识；帮助个人对健康问题做出决策；影响人们对治疗手段的选择；影响人们对生活、困难的态度。

②信念与信仰。

信念是个体对事物的一种确信的看法，是个体在自身经历中积累起来的认识原则，是与个性和价值观相联系的一种稳固的生活理想。信仰是指人们对某种事物或思想、主义的极度尊崇和信服，并把它作为自己精神寄托和行为准则。信念是信仰形成过程的终结和最高阶段，是认识的成熟阶段，是情感化了的认识。个体对健康和疾病所持的信念可直接影响其健康行为和就医行为，不同社会文化的人，对健康和疾病的理解不同。不同信仰，尤其是宗教信仰又与人的精神健康密切相关。

③习俗。

习俗是指一群人在生产、居住、饮食、沟通、婚姻与家庭、医药、丧葬、节日、庆典、礼仪等物质文化生活上的共同喜好与禁忌。与健康相关的习俗主要有饮食和传统医药。

饮食方面：饮食禁忌；主食，不同地域习俗对主食的要求不同，如南方多食大米，北方多以面食为主；烹饪方法及进食时间，如西南地区喜食腌制的肉食，腌制类多含有亚硝酸盐，有致癌作用；对饮食与健康关系的认识，如在中国多认为香蕉具有润肠通便的作用，但在美国，多数认为香蕉具有止泻作用。

传统医药方面：不同地域习俗对于疾病有不同的传统医药。

（3）文化休克。文化休克是人们在陌生环境中的产生迷茫失落的经历。文化休克常发生于个体从熟悉环境到陌生的新环境时，因沟通障碍、日常活动改变、风俗习惯改变以及态度信仰的差异而产生生理或心理的适应不良。

（4）文化评估内容与方法。

文化评估的内容包括价值观、健康信念、习俗。文化评估的主要方法是交谈法与观察法，交谈内容见表 2-31。

表 2-31　评估价值观、健康信念的交谈内容

价值观	1. 通常情况下，什么对您最重要
	2. 遇到困难时您是如何看待的？一般从何处寻求力量和帮助
	3. 您参加什么组织吗

表2-31(续)

健康信念	1. 对您来说，什么是健康
	2. 您觉得自己健康吗
	3. 通常您在什么情况下才认为自己有病并就医
	4. 您认为健康问题产生的原因是什么
	5. 您是何时发现您有健康问题的，是怎样发现的呢
	6. 该健康问题对您的身心产生哪些影响？严重程度如何？发作时持续多长时间
	7. 您认为您该接受何种治疗？您希望通过治疗达到哪些效果
	8. 面对疾病，您最害怕什么

（5）文化评估的操作说明。

操作方法：评估员先通过开放式提问的方式，向老人了解价值观、信念、习俗方面的情况，若老人自己不能回答，可采用封闭式提问方式向老人了解其文化评估的情况。封闭式提问的方式如表 2-32 所示。

表 2-32　封闭式提问方式

评估类别	开放式提问	封闭式提问
价值观	1. 通常情况下，什么对您最重要	您认为金钱、健康、亲人、朋友或其他人事等哪个对您最重要
	2. 遇到困难时您是如何看待的？一般从何处寻求力量和帮助	遇到困难时，您是先自己思考尽力解决还是向家属或政府等寻求帮助
	3. 您参加什么组织吗	您曾经有没有参加过社会组织比如协会、社团等
健康信念	1. 对您来说，什么是健康	您觉得只要身体没疾病就是健康吗？还是说身体健康、心情愉快、饮食规律才是健康
	2. 通常您在什么情况下才认为自己有病并就医	您是在察觉到身体不适时就认为自己有病并就医呢？还是在被告知需就医时才认为自己有病呢
	3. 您觉得自己健康吗	若老人觉得自己是健康的，那么下面的问题都可以忽略不计了
	4. 您认为健康问题产生的原因是什么	
	5. 您是何时发现您有健康问题的，是怎样发现的呢	
	6. 该健康问题对您的身心产生哪些影响？严重程度如何？发作时持续多长时间	
	7. 您认为您该接受何种治疗？您希望通过治疗达到哪些效果	
	8. 面对疾病，您最害怕什么	

（6）文化评估的结果。

通过对老人开展文化评估，同时结合老人对价值观、信念、习俗等问题的回答，评估员将文化评估的结果进行归纳总结，见表 2-33。

表 2-33　文化需求评估结果

项目	评估结果
价值观	
健康信念	

3. 家庭评估

（1）家庭。家庭是基于婚姻、血缘关系而形成的社会生活基本单位。家庭至少应包括 2 个或 2 个以上的成员，组成家庭的成员应共同生活、有较密切的经济和情感交往。

（2）家庭结构。家庭结构包括家庭人口结构、权利结构、沟通过程和家庭价值观。

家庭人口结构包括核心家庭、主干家庭、单亲家庭、重组家庭、无子女家庭、同居家庭、老年家庭等。

家庭权利结构是指夫妻间、父母与子女间在影响力、控制力、支配权方面的相互关系。家庭的权利结构主要有传统权威型、工具权威型、分享权威型、感情权威型四种类型。

家庭沟通过程是指家庭成员之间传递信息的过程，可反映家庭成员的相互作用与关系。家庭内部沟通过程良好的特征为：家庭成员对家庭沟通充满自信，能进行广泛的情感交流；沟通过程中尊重对方的感受和信念；家庭成员能坦诚地讨论个人与社会问题；不宜沟通的领域极少。家庭内部共同不良的特征：家庭成员自卑；以自我为中心；不能理解别人的一些需求；沟通方式间接、模糊等。

家庭价值观是指家庭成员判断是非的标准以及对特定事物的价值所持的信念与态度，它决定家庭成员的思维与行为方式。

（3）家庭功能。家庭的主要功能是满足家庭成员和社会的需求，具体包括：繁衍和养育功能；经济功能；情感功能；社会化功能；健康照顾功能。

（4）评估方法与评估内容。

家庭评估包括家庭结构评估和家庭功能评估，评估方法主要有交谈法（见表 2-34）、量表评估法即表 2-35 所示的 Procidano & Heller 的家庭支持量表以及表 2-36 所示的 Smilkstein 的家庭功能量表。

①交谈法。交谈法主要评估的是家庭角色与家庭关系。

表 2-34　交谈法评估表

评估项目	评估内容
家庭结构	家里的大事小事由谁做主？家里有麻烦时，常由谁提出意见和解决办法
	您的家庭和睦、快乐吗？大家有想法或要求时会直接提出来吗
	您是否倡导成员间相互支持、关爱，个人利益服从家庭整体利益

②量表测评主要用于家庭功能评估，以 Procidano & Heller 的家庭支持量表和 Smilkstein 的家庭功能量表为主。

表 2-35　Procidano & Heller 的家庭支持量表

序号	家庭支持度	是	否
1	我的家人给予我所需的精神支持		
2	遇到棘手的事时，我的家人帮我出主意		
3	我的家人愿意倾听我的想法		
4	我的家人给予我情感支持		
5	我与我的家人能开诚布公地交谈		
6	我的家人能分享我的爱好与兴趣		
7	我的家人能时时察觉到我的需求		
8	我的家人善于帮助我解决问题		
9	我与家人感情深厚		

评分方法：是=1 分，否=0 分。总分越高，家庭支持度越高。

表 2-36　Smilkstein 的家庭功能量

序号	家庭功能	经常	有时	很少
1	当我遇到困难时，可从家人处得到满意的帮助			
2	我很满意家人与我讨论、分担问题的方式			
3	当我从事新的活动或希望发展时，家人能接受并给我支持			

表2-36(续)

序号	家庭功能	经常	有时	很少
4	我很满意家人对我表达感情的方式以及对我情绪的反应			
5	我很满意家人与我共度时光的方式			

评分方法：经常=2分，有时=1分，很少=0分。评价标准：总分在7~10分，表示家庭功能良好；4~6分表示家庭功能中度障碍；0~3分表示家庭功能严重障碍。

4. 人际关系评估

（1）人际关系是人与人在相互交往过程中所形成的心理关系。人际关系包括亲属关系、朋友关系、学友（同学）关系、师生关系、雇佣关系、战友关系、同事及领导与被领导关系等。

（2）人际关系评估内容与方法。

人际关系评估方法主要有交谈法、量表评估即人际关系诊断量表，分别见表2-37和表2-38。

表2-37 人际关系诊断量表

序号	提问项目	是	否
1	关于自己的烦恼有苦难言		
2	和生人见面时感觉不自然		
3	过分羡慕和妒忌别人		
4	与同龄人交往太少		
5	对连续不断的会谈感到困难		
6	在社交场合感到紧张		
7	时常伤害别人		
8	与年轻人来往感觉不自然		
9	与一大群朋友在一起，常感到孤寂或失落		
10	极易受窘		
11	与别人不能和睦相处		
12	不知道与他人相处时如何适可而止		
13	当不熟悉的人对自己倾诉他的生平遭遇以求同情时，自己常感到不自在		

表2-37(续)

序号	提问项目	是	否
14	担心别人对自己有什么坏印象		
15	总是尽力使别人欣赏自己		
16	暗自思念亲人朋友		
17	时常避免表达自己的感受		
18	对自己的仪表（容貌）缺乏信心		
19	讨厌某人或被某人所讨厌		
20	瞧不起同龄老人		
21	不能专注地倾听		
22	自己的烦恼无人可申诉		
23	受别人排斥与冷漠		
24	被同龄人瞧不起		
25	不能广泛地听取各种意见、看法		
26	自己常因受伤害而暗自伤心		
27	常被别人谈论、愚弄		
28	与陌生人交往不知如何更好地相处		

评分方法：是=1分；否=0分。

表2-38　人际关系诊断量表解析

得分	情况解析
0~8分	受测者善于交谈，性格开朗，主动，关心别人，对周围朋友很好，愿意与他们在一起，彼此相处得不错
9~14分	受测者与朋友相处有一定的困扰，人缘一般，与朋友的关系时好时坏，经常处于起伏变动之中
15~28分	受测者在与朋友相处时存在严重困扰。分数超过20分，则表明人际关系行为困扰程度很严重，而且在心理上出现较为明显的障碍：受测者可能不善于交谈，也可能是个性格孤僻的人，不开朗，或者有明显的自高自大、讨人嫌的行为

五、评估报告的撰写

社会评估结果

姓名________ 性别　□男　　□女　　年龄________ 民族______ 编号__________

联系电话_________________________

社会评估结果

	人际关系	家庭与家庭功能	角色	文化
评分				
等级/解析				

社会评估结论

注：评估师填写整体评估的结论并给出一些建议

评估人：__________

日　期：__________

参考文献

[1] 王莉. 临潼区城市老年居民社会支持与心理健康调查［C］// 陕西省西安市临潼区老年学学会. 中国老年学和老年医学学会2016年综合学术研讨会论文集. 2016：603-609.

[2] 吴际，赵碧华. 台湾地区失智老人安养院的社会工作者角色［J］. 安徽师范大学学报（人文社会科学版），2017（4）：11.

[3] 姜乾金. 压力系统模型：解读婚姻（一种本土化的压力系统理论在家庭评估和干预中的应用研究与示范）［A］// 中国心理学会. 增强心理学服务社会的意识和功能：中国心理学会成立90周年纪念大会暨第十四届全国心理学学术会议论文摘要集：2011年卷. 北京：中国心理学会，2011：1.

[4] 社本峰. 家庭政策研究：模式和一些理论问题［C］//中国人口学会2016年会论文集. 北京：中国人民大学出版社，2016：428-435.

[5] 段绪柱. 科学构建公共文化服务评价指标体系［N］. 中国社会科学报，2013-09-27（B02）.

[6] 高成新. 城市低龄老人生活模式的社会学分析［N］. 中国人口报，2018-03-30（3）.

第三章　评估资料的分析与处理

学习目标

1. 掌握综合评估报告的撰写技能。
2. 掌握评估资料分析及处理的方法。
3. 熟悉评估资料的分析及处理的注意事项。
4. 了解评估资料分析及处理的目的和意义。

评估资料的分析与处理是指用适当的统计分析方法对收集来的大量养老评估资料进行分析，提取有用信息，形成结论，并对养老评估资料加以详细研究和概括总结的过程。这一过程也是质量管理体系的支持过程。在实用中，评估资料的分析与处理可帮助人们做出判断，以便采取适当行动。评估资料的分析与处理的数学基础在 20 世纪早期就已确立，但直到计算机的出现才使得实际操作成为可能，并使评估资料的分析与处理得以推广。

一、评估资料的分析与处理的目的和意义

1. 服务需求评估的具体化和精确化

通过分析和处理收集的信息资料及其他相关素材，评估员可以科学评估老年人对养老各个方面的需求，根据评估资料的各项指标，实现老年人服务需求的具体化、实证化和精确化。人们通过为老人提供全方位的服务来满足他们各方面的需求，同时也能够对服务资源进行合理配置，提高养老服务机构的运作效率和服务质量。

2. 确保服务的针对性

为老年人提供服务的部门和机构根据评估资料的处理与分析的结果，以数量化、具体化、明确化的方式形成制度、建立规范，便于制度的实施、运行、评估和考核，也利于老年群体了解和接受服务。通过评估认定，服务供给部门和机构能够及时、准确地掌握服务需求者的个性需要，确定服务资源的供给对象，并提供相应的养老服务。

3. 规避服务风险

养老行业的服务对象大部分为高龄和高危人群，属于高风险的服务行业。如何规避养老服务中的服务风险，减轻因服务风险而造成的经济损失，成为养老行业必须解决的问题之一。分析与处理评估资料得出的评估结论直接影响到有关部门、行业及当事人的利益。养老机构通过对老年人的身体健康、心理健康等方面进行严格、科学、系统、全面的评估，以此作为依据来签订协议或合同，同时根据老人的情况变化，适时与老人及亲属签署一些补充协议，界定服务内容、责任承担和免责条款等，尽力规避可能存在的服务风险。

4. 依据评估资料制订照护计划

老年人往往面临着疾病、衰弱、失能、失智等多种复杂情况，养老机构需要对其进行综合评估来制订相应的照护计划。通过运用评估量表，评估员能测试被评估者或主要照顾者，对每个项目进行评定，再对收集的评估资料进行分析与处理，得出评估结果。根据评估结果，评估员能评估老年人的能力等级和服务需求，为制订适宜老人身心特点的照护计划提供依据，从而提高服务水平。

5. 实施与监测

评估资料的分析与处理能够间接帮助政府和社会监督养老服务质量，促进养老服务业沿着健康的轨道发展。目前我国的养老服务业行业需建立对养老服务质量进行有效监督的制度和手段。资料评估的专业化优势可以帮助人们实现对养老服务质量的监督，同时可以起到法律所不能及的预防功效，有效遏制快速发展中的养老服务业的不健康因素。

二、评估资料的分析与处理的常用方法

（1）定量资料的分析与处理。

定量资料，又称计量资料（measurement data）、数值资料（numerical data）或尺度资料（scale data），是测量观察对象指标的数值大小所得的资料，观察指标是定量的，表现为数值大小。例如：身高（cm），体重（Kg），细胞数（个），人口数（人）等。

（2）资料的整理与录入。

（3）定性资料分析。

（4）量表分析法。

三、综合评估报告的撰写

1. 报告的类型

描述性报告：着重于对研究现象进行系统、全面的描述，这种描述既是可以定量的，也是可以定性的。

解释性报告：主要目的是用研究所得资料来解释和说明某类现象产生的原因，或说明不同现象相互之间的关系。

学术性报告：要求有比较详细的描述，特别是样本抽取、变量测量、资料收集等细节，资料分析部分相对广泛，但对结构的讨论部分则相对谨慎。

应用报告：常采用比较直观的统计图、统计表等形式表示出来，并且根据研究结果所提出的政策建议部分在这种报告中要重点突出。

定量评估报告：以对数据资料的统计分析结果及其讨论为主要内容，数量化、表格化、逻辑性强是其表达结果的主要特征，报告的格式十分规范且相对固定，各部分间界限清晰。

定性评估报告：篇幅比定量研究报告长，报告中所体现的主观色彩也较重。

2. 评估报告的一般结构

各种评估报告在结构上通常可以分成评估名称、评估人员、评估结果、评估日期、评估结论以及附录（量表）六部分（如表 3-1）。

表 3-1 评估报告的一般结构

评估名称	评估人员	评估结果	评估日期	评估结论
Berg 平衡量表	XXX	35 分	2016/08/23	老人 XXX 于 08/23 进行了 berg 平衡量表评估（量表页码 XX），评估结果显示老人平衡较差，应在护理上有所注意……
MORSE 跌倒风险评估表	XXX	46 分	2016/08/24	老人 XXX 于 08/24 进行了 MORSE 跌倒风险评估表（量表页码 XX），评估结果显示老人具有一定跌倒风险，应增派专人对老人进行 24 小时监护，同时签署跌倒风险同意书……
Berg 平衡量表	XXX	54 分	2016/09/23	……
……	……	……	……	……

3. 研究报告的写作步骤

（1）确定主题。

研究报告的主题就是研究报告所要表达的中心问题，是整个报告的灵魂。

（2）拟定提纲。

主题明确后，需要先构思好报告的整体框架，并将这种框架转变为具体的撰写提纲。

（3）选择材料。

选择材料应以撰写提纲的范围和要求为依据，写作者需要按照提纲填充材料“血肉”。报告所用的材料通常包括两种形式，一种是从研究中得到的各种数据、表格、事例等客观材料，另一种是在这些客观材料的基础上通过分析、综合、概括所形成的观点、认识、建议等主观材料。

（4）撰写报告。

四、评估资料分析与处理的注意事项

1. 评估对象的知情权

评估员进行评估资料的分析与处理，要在评估对象知情的情况下征得他们的同意，才可以执行这一程序。评估对象必须清楚知道评估的内容和用途——是谁要求进行什么评估、所得的评估资料和评估结果会用在哪些方面。另外，评估对象的知情权的先决条件是其有能力做出同意评估的决定，若老人无法给予知情同意，或没有能力了解评估，评估员应尽力保障老人的权利和尊严。如果评估对象无法完全理解评估过程，评估员还需耐心向他们解释。

2. 评估资料须保密

向评估对象保证谈话内容绝对保密看似容易，可是当真正对评估对象进行全面评估时，评估员往往必须联系其他相关人士，并要求他们提供资料，因此可能会提到老人的隐私。所以评估员不要轻易向评估对象保证其隐私不会外泄，应该对评估对象说明在何种情况下会向何种人士提供何种相关的评估资料。为了保障评估对象的权益，评估员应该首先征得评估对象的同意，再向外透露局部资料。一般来说，评估对象的评估资料应该受到重视和保护，并且只在特定的助人专业人士（如社工、医生、护士或其他专业人员）之间传阅。

3. 评估资料的数据审核

评估员在评估资料的过程中，应谨慎处理数据，保证信息前后一致，不出现逻辑错误、登记错误和计算错误，检查数据的完整性、正确性、一致性、可信性，审核时更加认真、仔细。为保证处理方法的一致性，审核工作最好由同一个人完成。调查完成后，对初步有效问卷进行10%的抽样检查，以确保样本质量。通过被访者留下的个人资料，评估员应进行电话回访，确认个人资料及所填问卷内容真实准确，并对一些次要内容漏选的问卷进行补查，经询问后内容补充完整的问卷也可归为有效问卷。如果被访者所留电话不属实或查无此号，则该问卷视为无效，总样本中不再重复抽样核查。最后统计有效问卷数量。

4. 关于评估资料的敏感性问题

当我们调查一些涉及政治态度或个人隐私等敏感性问题时，被调查者可能会拒绝回答，或给出虚假答案。因此，在处理评估资料时，针对敏感性问题，比如被调查者姓名、身份证、联系电话这一敏感性问题，我们仅对抽样回访的样本作严格要求，其他问卷参考逻辑性问题，只要逻辑性问题有效，就视该问卷有效。

附件：评估报告模板

＿＿＿＿＿（机构名称）老人能力评估报告

基本信息：

姓名		性别		年龄		民族	
手机号码			身份证号码				
现居住地址							

老人能力等级：

□能力完好　□轻度失能　□中度失能　□重度失能　□风险因子

特殊情况说明（风险因子）：

＿＿

＿＿

评估项目结果：

1. 健康档案

健康史	日常生活状态	精神心理	社会状况

2. 一般身体状况

一般身体评估	生命体征	营养发育情况	皮肤状况	疾病情况

3. 躯体功能

	生活自理能力	平衡功能	吞咽功能	步行能力
评分				
等级/解析				

4. 常见老年综合征

	跌倒评估	压力性损伤评估	疼痛评估	大小便失禁
评分				
等级/解析				

5. 精神心理状况

	认知功能		情绪状态	
	画钟试验	（MMSE）	GDS-30	HAMA
评分				
等级/解析				

6. 社会评估

	人际关系	家庭与家庭功能	角色	文化
评分				
等级/解析				

评估师 1 签字：____________ 签字日期____________

评估师 2 签字：____________ 签字日期____________

老人或家属签字：____________ 签字日期____________

参考文献

[1] 王钰，张自然. 中国人口结构特征与经济效率、经济转型：基于1992—2017年中国分地区面板数据的分析 [J]. 商业研究，2019 (12)：126-135.

[2] 卢玮静. 问题导向在社会统计学教学中的应用研究 [J]. 科教导刊（下旬），2019 (10)：111-112.

[3] 石海波. 关于社会工作专业社会统计学课程教学的思考 [J]. 西部素质教育，2019，5 (11)：192，194.

[4] 付万宁. 吉林省老龄人口信息管理系统的设计与实现 [D]. 长春：长春工业大学，2019.

[5] 任红梅. 社会统计学与数理统计学的统一分析 [J]. 中外企业家，2016 (30)：270-271.

[6] 马子涵.《社会统计学》在社会工作中的应用 [J]. 才智，2013 (21)：273.

[7] 蔡志明，刘颜，王琦，等. 应用多种统计学方法建立医院绩效评估指标体系 [J]. 中国医院，2004 (7)：48-50.

第四章　养老照护服务项目及照护计划的制订

学习目标

1. 掌握服务项目制定的内容和方法。
2. 掌握照护计划制订的原则。
3. 熟悉评估结果的风险分析。
4. 了解服务项目及照护计划制订的目的和意义。
5. 具备制订个性化照护计划的能力。

一、养老机构的照护服务项目

1. 养老照护服务项目分类和服务内容

养老照护服务项目分类主要参考《养老机构服务质量基本规范》，根据不同的照护等级对其实施不同的服务内容。

（1）养老照护服务项目。

养老照护服务项目包括生活照护、安全照护、非治疗性照护、功能维护四个方面。

①生活照护。

生活照护指帮助老人维持生存及基本生活功能的照护。本项目操作性定义为：护理员或照护机构为维持老人生存及基本生理功能提供的一系列照护措施，包括进食/水、排泄、更衣、全身及局部清洁、如厕、剪指（趾）甲、剃须、整理床单 8 项照护内容。

②安全照护。

安全照护指为保护老人免于意外伤害的照护。本项目操作性定义为：护理员或照护机构为保护老人安全、免于遭受意外伤害提供的一系列照护措施，包括脱抑制行为、游荡/走失行为、攻击行为、跌倒/坠床、噎食的照护及居住环境安全 6 项照护内容。

③非治疗性照护。

非治疗性照护指为延缓老人罹患的慢性病病情发展，并尽可能地维持其生理机能和精神健康的照护，其不以治疗为目的。本项目操作性定义为：护理员或照护机构为老人提供的一系列不以治疗疾病为主要目的的照护措施，包括皮肤、睡眠、活动、用药、健康管理、心理照料、保护性限制、精神行为问题 8 项照护内容。

④功能维护。

功能维护指帮助延缓老人某系统/器官功能衰退的照护。本项目操作性定义为：护理员或照护机构为维持或提高与老人基本日常生活密切相关的功能，而提供的一系列照护措施，包括康复训练、排痰护理、吸氧护理、内置管护理 4 项照护内容。

（2）养老照护服务内容。

养老照护服务内容主要满足基本生存需求，高层次服务，个性化需求。见表 4-1。

表 4-1　某养老机构不同照护等级对应的照护服务内容

照护养老服务内容									
服务人群	环境维护	清洁照料	饮食照料	排泄照料	生活辅助	健康管理	康娱活动	心理照料	社会照料
基础照护	√	√	√	√	√	√	√	√	√
介助照护	√	√√	√√	√√	√√	√√	√	√	√
介护照护	√	√√√	√√√	√√√	√√√	√√√	√	√	√
特殊照护	√	√√√	√√√	√√√√	√√√√	√√√√	√	√	√
服务人群	营养膳食	安全管理	康复训练与指导	口服药管理	皮肤护理	压疮护理	排痰护理	吸氧护理	内置管护理
基础照护	√	√							
介助照护	√	√√	√	√					
介护照护	√	√√√	√	√√	√	√	√	√	√
特殊照护	√	√√√√	√	√√	√	√√	√√	√	√

* 心理照料包括心理疏导、心理慰藉、聊天、外部心理咨询师介入治疗。社会照料包括再就业、帮助老人实现自身价值、学习新技能、参与养老机构管理等。

2. 养老服务项目的收费标准

养老服务项目的收费需要参考养老服务照护等级，综合养老机构服务内容、老人及其家属意愿来最终确定。养老服务项目的收费内容主要包括固定服务收费和增值服务收费。其中固定服务收费包括床位费、照护费、营养餐费。有些养老机构还会有管理费。

养老机构可根据情况对照护等级的服务内容进行增减，也可以根据当地经济水平调整每项服务内容的价格。照护费由照护等级对应的服务内容决定，最终由养老机构审核确定，如表 4-2 所示。

表 4-2　某照护机构照护费用收费标准

照护等级		常规护理	介助	介护	特护
服务内容	环境维护(100)	Ⅰ	Ⅰ	Ⅰ	Ⅰ
	健康管理Ⅰ(100)/Ⅱ(200)/Ⅲ(400)	Ⅰ	Ⅱ	Ⅱ	Ⅲ
	清洁照料Ⅰ(100)/Ⅱ(200)/Ⅲ(400)	Ⅰ	Ⅱ	Ⅲ	Ⅲ
	饮食照料Ⅰ(50)/Ⅱ(150)/Ⅲ(300)	Ⅰ	Ⅰ	Ⅱ	Ⅲ
	排泄照料Ⅰ(50)/Ⅱ(150)/Ⅲ(300)	Ⅰ	Ⅰ或Ⅱ	Ⅱ	Ⅲ
	精神慰藉 20/h	按需	按需	按需	按需
	社会照料	按需	按需	按需	按需
	生活辅助Ⅰ(50)/Ⅱ(150)/Ⅲ(250)	Ⅰ	Ⅰ	Ⅱ	Ⅲ
	康娱活动Ⅰ(50)/Ⅱ(150)/Ⅲ(250)	Ⅲ	Ⅲ或Ⅱ	Ⅱ	Ⅰ
	营养膳食Ⅰ(600)	Ⅰ	Ⅰ	Ⅰ	Ⅰ
	康复指导与训练Ⅰ(0)/Ⅱ(300)/Ⅲ(400)	Ⅰ	Ⅱ	Ⅲ	Ⅲ
	口服药管理Ⅰ(0)/Ⅱ(100)/Ⅲ(200)	Ⅰ	Ⅱ	Ⅲ	Ⅲ
	皮肤护理Ⅰ(0)/Ⅱ(100)/Ⅲ(300)	Ⅰ	Ⅰ	Ⅱ	Ⅱ
	排痰护理Ⅰ(0)/Ⅱ(100)/Ⅲ(300)	Ⅰ	Ⅰ	Ⅱ	Ⅱ
	吸氧(400)	按需	按需	按需	按需
	内置管护理Ⅰ(0)/Ⅱ(200)	Ⅰ	Ⅰ	Ⅰ	Ⅱ
收费标准		1 600	2 000	2 800	3 200

二、制订个人照护计划

1. 照护计划的概念

个人照护计划（individualized nursing carer plan），也叫个人护理照护计划，是养老机构对老人的承诺，是照护服务收费的依据，也是护理员的工作指南。评估员根据评估结果，综合老人及其家属的意愿，同时考虑时间分配、经济条件等因素，最终确定服务类别及内容，制订个性化照护计划。

2. 照护计划的分类

在实施养老照护服务之前，照护计划是必不可少的。简单来说就是老人具体接受哪些服务的计划表。根据服务地点和服务类别的不同，照护计划大致可以分为三类：居家服务计划、机构服务计划、照护预防服务计划。本书重点探讨机构服务计划。

3. 个人照护等级对应服务项目

个人照护计划是基于评估结果，在照护等级所对应服务项目标准的范围内，根据老人自身的身体情况及意愿制订的专属于老人个人的照护计划，照护等级对应服务项目如表 4-3 所示。

表 4-3　照护等级对应服务项目

照护等级	基础服务项目	可变服务项目
自理	环境维护、清洁照料、饮食照料、排泄照料、健康管理、安全管理、心理照料、社会照料、营养膳食、康娱活动	生活辅助
介助	环境维护、清洁照料、饮食照料、排泄照料、健康管理、安全管理、心理照料、社会照料、营养膳食、康娱活动	生活辅助、康复指导与训练、口服药管理
介护	环境维护、清洁照料、饮食照料、排泄照料、健康管理、安全管理、心理照料、社会照料、营养膳食、康娱活动	生活辅助、康复指导与训练、口服药管理、皮肤护理、压疮护理、排痰护理、吸氧
特护	环境维护、清洁照料、饮食照料、排泄照料、健康管理、安全管理、心理照料、社会照料、营养膳食、康养活动、口服药管理、皮肤护理、吸氧、排痰	生活辅助、康复指导与训练、皮肤护理、口服药管理、压疮护理、排痰护理、吸氧、内置管护理

照护服务项目随着照护等级的提高而递增。这个照护等级对应的服务项目可作为养老机构照护服务内容的参考标准，是养老机构对老人及其家属的承诺。养老机构可针对老人的身体情况和意愿选择其有针对性的服务内容。具体的选择内容通过个人照护计划体现（见表 4-4）。

表 4-4　某养老照护机构个人照护计划表

姓名：	性别：	年龄：	入住日期：
喜好：		护理等级：	
禁忌：			
宗教：			
医院诊断与体检报告：			
履历：			
家属特别叮嘱：			

表4-4(续)

时间	服务内容
6:00~7:00	晨间护理：清洁照料（起床、洗脸、梳头、口腔清洁、如厕、整理床单）
7:00~8:00	早餐服务：饮食照料
8:00~9:00	个人卫生（洗头、洗澡、修剪指甲、剃须、理发、更换衣服、如厕等）、老人居室及卫生保洁服务、口服药护理（包括口服药及外用药、雾化、注射胰岛素等）、上门订餐服务、健康护理（记录血压、血糖、体温）
9:00~10:30	衣物洗涤服务、康娱活动服务（包括文化活动、健康讲座、社工活动等）、精神慰藉服务（针对有心理疾病的老人进行个案谈心、社工小组活动）、健身康复服务
10:30~11:30	外出安全服务、饮食安全服务、消防安全服务、设施维修服务、生活辅助服务
11:30~12:30	午餐服务
12:30~14:30	午间护理、健康护理、口服药护理
14:30~15:00	卫生保洁服务
15:00~17:00	文化娱乐服务、精神慰藉服务、健身康复服务、衣物洗涤服务、消防安全服务、生活辅助服务
17:00~18:00	晚餐服务、医疗护理服务
18:00~20:30	休闲服务、健康护理
20:30~21:00	睡前服务、口服药护理
21:00~次日6：00	夜间护理、夜间安全服务

以上护理内容仅供参考，护理时间节点及内容可能会因老人的个体差异进行适当调整，亦可能会因老人突发疾病，情绪、精神状态的忽然改变或年岁的增加等因素不能达到预期效果。不同照护等级的照护内容不同，同一个照护等级中不同老人的服务内容也不尽相同。

4. 照护计划的制订原则

为了保障老年人能够享受到恰如其分的服务项目，在接受养老服务机构的服务之前，评估员要根据每位老年人的评估结果、经济状况和本人意愿，合理地制订符合其个体的照护计划。照护计划书的制订原则如图 4-1 所示。

图 4-1 照护计划的制订原则

（1）全方位的照护。

个人照护计划致力于为入住老人打造高品质、注重隐私、独立自主、安全快乐的生活和照护环境，维持他们身、心、社、灵全方面的健康。

（2）跨专业团队。

评估员根据评估结果制订照护计划时，要结合机构医生、护士、社工、康复师、营养师、护理员的意见和建议，共同为入住老人订制个性化的照护计划。

（3）以人为本。

评估员在执行个人照护之前，与老人和家属一起探讨护理计划的内容，尊重老人的个人意愿及其家属的意见，一同参与沟通。

（4）个案管理。

养老机构应配备个案管理系统，定期评核照护计划的成效。

（5）健康管理。

养老机构应提升老人和家属对慢性病（高血压、糖尿病、中风、认知障碍症）的认知水平，提升老人自我管理疾病的能力，从而让老人能从疾病中康复。

（6）多样化的康复疗法。

药物并非是治疗疾病的唯一办法。养老服务机构应为老人制订专属的照护计划，设计专属的康复疗法。

（7）系统化管理。

制订照护计划的目的是指导护理人员如何与老人进行互动。照护计划所记录的信息如果没有得到一线护理人员的使用，那照护计划就是无效的。

（8）让家庭照顾者和直接护理员参与计划的制订。

评估员、家庭照顾者、护理员三线结合制定的照护计划才是更完善更具有可行性的。

5. 照护计划制订步骤

养老机构基于分类分级的评估结果制订老人照护计划时，通常按照下列四个步骤依次进行：

（1）评估老年人的照护等级、确认其照护预算额度。

（2）参照标准照护计划，确立生活状况的类别。

（3）根据老人精神、心理的需求优化标准照护计划，制订初期照护计划。

（4）运用初期照护计划，随时加以修正，拟订并执行照护计划。

我们根据照护计划设计的模板如表 4-5 所示。

表 4-5　制订照护计划

<table>
<tr><td colspan="2">姓名：　　　　　性别：　　　　年龄：　　　　　入住日期：</td></tr>
<tr><td colspan="2">喜好：　　　　　　　　　　　　　　　　　护理等级：介助</td></tr>
<tr><td colspan="2">禁忌：</td></tr>
<tr><td colspan="2">宗教：</td></tr>
<tr><td colspan="2">医院诊断与体检报告：</td></tr>
<tr><td colspan="2">履历：张婆婆，87 岁，神志清醒，祖籍河南，随工作迁至某地，师范毕业，退休前在机关工会工作，有 2 个儿子 3 个女儿，其中 3 个子女在成都。张婆婆有高血压、糖尿病，两年半前因脑梗住院，出院后入住养老院。她如今生活基本自理，右侧偏瘫，行走时右足拖地、伴失眠、腰痛，视力、听力均有所下降；需注射胰岛素降血糖、平时有吃保健品如骨维素和 B6。她喜欢看电视、做手工、散步、做保健操等，性格开朗，思维比较清晰，能记住近期发生的事情。</td></tr>
<tr><td colspan="2">家属特别叮嘱：</td></tr>
<tr><td>时间</td><td>服务内容</td></tr>
<tr><td>6:00~7:00</td><td>晨间护理：清洁照料（协助老人起床、洗漱；基本不需要生活辅助）</td></tr>
<tr><td>7:00~8:00</td><td>早餐服务（协助老人到餐厅、帮老人取餐、老人自行就餐）</td></tr>
<tr><td>8:00~9:00</td><td>个人卫生、老人居室及卫生保洁服务、口服药护理（发药、协助老人服药）、上门订餐服务（不需要）、健康护理（测血糖、血压）</td></tr>
<tr><td>9:00~10:30</td><td>衣物洗涤服务、文化娱乐服务、精神慰藉服务、健身康复服务</td></tr>
<tr><td>10:30~11:30</td><td>外出安全服务、饮食安全服务、消防安全服务、设施维修服务、生活服务</td></tr>
<tr><td>11:30~12:30</td><td>午餐服务</td></tr>
<tr><td>12:30~14:30</td><td>午间护理、健康护理（监测血糖血压）、口服药护理（指导服药）</td></tr>
<tr><td>14:30~15:00</td><td>卫生保洁服务</td></tr>
</table>

表4-5(续)

15:00~17:00	文化娱乐服务、精神慰藉服务、健身康复服务（可进行下肢肌力训练、步行训练）、衣物洗涤服务、消防安全服务、生活服务
17:00~18:00	晚餐服务、医疗护理服务（注射胰岛素）
18:00~20:30	休闲服务（看电视、散步等）、健康护理（监测血糖血压）
20:30~21:00	睡前服务、口服药护理（协助老人服药）
21:00~次日 6:00	夜间护理、夜间安全服务

课堂实践

案例导学与分析

案例导学1：

黎爷爷，89岁，意识清醒，嗜睡，家住某市高新区，退休前是民营大学校长，有高血压、肾病。黎爷爷3年前摔倒导致小脑受损，左侧偏瘫，左上肢关节活动度严重受限，手指关节僵直变形，左上肢基本不活动；右侧上肢关节活动度受限，协调性差，能握筷进食但控制较差，有漏饭情况，偶尔有呛咳；双下肢肌力下降，肌力2级，站立不稳，平衡功能评估Ⅰ级，坐轮椅活动；日常生活大部分时间需要帮助；认知功能中度受损；康复意愿不强；喜欢看电视、做保健操。(介护)

案例导学2：

王爷爷，83岁，神志清醒，家住成都，退休前是公务员，有高血压、糖尿病、静脉曲张。王爷爷3年前进行了静脉曲张手术，双下肢肿胀症状缓解；2年前摔倒，左侧股骨颈做置换手术，后双下肢肌力3^{+}级；颈强直，颈部活动受限，弯腰45度，腰背部肌肉酸痛；推助行器行走，不能上下楼梯；洗澡、洗脚、穿鞋、穿袜困难，需护理员帮助；精神状态轻度受损。他康复意愿强烈，喜欢做保健操、步行训练、做手工、参与社工活动等。(介护)

分析：

结合以上案例，制定个性化的照护方案。

三、风险防控

1. 养老评估存在的风险

（1）由入住老人评估内容疏漏、服务体系不完善、护理服务不当引起的老人跌倒、摔伤、烫伤等风险；对老人急症急救处理不当使病情加重的风险。

（2）未如实评估护理等级，导致老人护理等级偏低，提供的护理服务无法保证老人的安全。

(3) 未与老人事先明确约定护理服务内容，老人不清楚哪些护理服务应当由机构来提供，导致老人遭受人身损害。

(4) 养老机构对住养人缺乏入院评估的法律风险防控。

2. 规避风险

养老机构进行风险防控，可以降低工作人员的责任风险。如老人摔伤了，家属来追责，护理员是按照既定的护理标准来护理，护理员以往的操作痕迹、规范、护理计划都留有痕迹，可以对比。若突然发生了事故，就可以认定是意外，而不是护理过程中有缺失。

养老机构对管理服务风险的防范，主要是推行养老机构标准化管理服务。

一是推行标准化服务管理。国家层面，目前出台了针对养老机构的标准规范，即国家标准《养老机构基本规范》和行业标准《养老机构安全管理》《老年人能力评估》等相关标准。养老机构通过标准化的服务管理，譬如公开的服务标准、服务流程，详细的护理纪录，从而有效地防范运营上的法律风险。

二是开展养老评估。老年人入住之前，养老机构都应该对其进行评估，从生活能力、精神状态等方面评估老人的等级。养老评估结果共划分为 4 个级别。如果老人亲属希望少花钱，将评估级别定低一些，机构就会面临大麻烦。如某养老院，老人明显是中度失能，其亲属非要定为轻度，尽管养老院反复告知老人有跌伤风险，亲属写声明保证出了问题自己负责，但后来老人摔跤跌伤卧床不起，亲属仍将养老院告到法院，要求索赔，经法院调解，养老院赔了 28 000 元。我国法律是保护弱者，养老院又该怎么办？所以，有了养老评估，养老机构就可以从法律层面进行风险防范。

养老行业的特殊性决定了对养老机构而言，规避或降低风险是经营者需要长期规划和投入的课题。为了规避风险，养老机构要做到有据可依，应制作《责任免除告知书》，如图 4-2 所示。

责任免除告知书

尊敬的老人家属：

我们的《长期照护计划书》中的康复、护理等服务内容，皆是根据老人实际身体情况进行的安排，如老人或家属对老人的身、心健康实际情况的交代有所疏漏或隐瞒，由此造成的一切后果，均应自行负责，与我机构无关。

因老人突发疾病或随年龄增加自然产生的身体机能退化，直接或间接导致老人身、心健康突发严重后果，均应自行负责，与我机构无关。

家属签字：

长者签字：

年　　月　　日

图 4-2　责任免除告知书样例

附件：照护计划书

照护计划书

X X X养老机构

________ 老人照护计划书

XXX 照护小组

XXXX 年 XX 月 XX 日

目　　录

一、欢迎词

尊敬的__________老人：

欢迎您前来我机构入住，带着信任和喜悦，我们将给您一个安全的、温馨的、充满爱的家园。

在这里，您有任何需求，都可以告诉我们。

在这里，您有任何心里话，您都可以同我们讲。

在这里，机构全体员工就是您的儿女，我们与天下子女共同尽孝！

如果在生活相处过程中，我们有让您不舒服、不满意的地方，那一定是我们需要改进的地方，请告诉我们，让我们成长。机构就是您的家，需要您的精心培育与雕琢。恒心、爱心、孝心、诚心、热心是我们为您服务的基石，我们相信，满满五心的光芒换来的一定是专业的服务，一定可以温暖您的心窝。

再次欢迎您入住__________，祝您身心愉悦，康泰常在。从现在开始，我们与您共同感受这美好的生活。

________ 全体员工

年　月　日

二、老人基本情况

姓名：
性别：
年龄：
入住日期：
护理等级：
喜好：
禁忌：
宗教：
医院诊断与体检报告：
履历：某老人，从小生活在知识分子家庭中，受到了良好的教育，曾参加抗日战争，抗战结束后到部队文工团工作，性格温和，退休后就在家里和老伴一起生活，后来患 AD，渐渐不认识家人和朋友，性格变得暴躁，不易控制。
家属特别叮嘱：

三、康复计划

1. 机构康复综合评估测试与结果

康复类别	评估结果
肌力	
关节活动度	
平衡能力	
肌张力	
日常生活活动能力	
疼痛程度及位置	
目前使用辅具	
……	
其他情况	

2. 康复综合分析

3. 康复实施计划

（1）康复宣教。

序号	宣教内容	宣教目的	宣教方式	预计完成时间	备注
1	引导老人主动运动	减缓衰退速度	口头宣教	长期执行	
2	……				
3					
4					

（2）康复训练。

序号	康复项目	开始日期	频次	目标	完成时间	使用器械	备注
1	有氧训练	2019/03/01	每天 1 次	维持现有功能活动	长期	人工	
2	……						
3							
4							

根据老人身体状况的恢复程度，我机构会及时调整康复实施计划。

四、社工计划

1. 社工综合评估测试与结果（精神和认知、社会）

评估量表	结果
简易精神量表（MMSE）	
社会参与量表	
……	

2. 社工综合分析

3. 社工计划

社工应定时为老人安排一些简单活动，以免老人经常一个人独坐，不与其他老人互动或者长期无聊，应多给予老人关心问候，减少老人的寂寞孤独感，缓解老人身体机能的退化，具体计划如下：

（1）计划时间。

每天上午 10:00~11:00，下午 15:00~16:00，老人情绪不稳定时，社工应针对性地开展活动。

（2）计划内容。

①日常活动：社工应安排老人参加团体活动，锻炼身体，感受热闹的氛围，让老人尽快融入这个大家庭，并减少老人的孤独感。

②若老人喜欢下棋，社工应根据老人的情况安排相关活动，增加老人的兴趣，增强老人对社工的信任感，让老人尽快适应现在的生活。

③若老人记忆力下降，社工每周可安排 1~2 次锻炼记忆力的活动让老人参加，例如：算数、写毛笔字等，锻炼老人的记忆力和注意力。

④若老人认知能力下降，社工可安排认知方面的活动让老人参加，例如：认字、写日记、模仿动作、看图说话等活动，增强老人的认知。

⑤社工应多关心老人，观察老人心理情绪变化，增强老人对我们的信任，配合我们的工作，使老人身体功能尽快有所好转。

⑥社工应不定时和家属沟通老人的情况（微信或者面谈），建立与家属沟通的文字记录档案。

⑦社工活动安排节点以老人身体状况为宜，可适当调整。

五、护理计划

1. 机构护理综合评估测试与结果

评估内容	评估结果
护理等级	
ADL 评估	
跌倒风险评估	
压疮评估	
一般身体评估	
……	

2. 护理综合分析

根据以上内容做出如下综合分析：

3. 护理实施方案

（1）护理健康宣教

序号	宣教内容	宣教目的	宣教方式	预计完成时间	备注
1	个人卫生的重要性；鼓励勤洗手	保证老人个人卫生	口头宣教	入住后一周内	
2	营养均衡，按时进餐	保证营养摄入	口头宣教	入住后三天内	

（2）护理计划

护理计划是指继综合康复、社工、护理三个专业板块后，养老机构为老人设计的一整日生活计划，让长辈生活无忧，生活品质感受得以保障的关键程序，具体如下：

姓名：	性别： 年龄： 入住日期：
喜好：	护理等级：
时间	服务内容
6:00~7:00	晨间护理：清洁照料（起床、洗脸、梳头、口腔清洁、如厕、整理床单）
7:00~8:00	早餐服务：饮食照料
8:00~9:00	个人卫生（洗头、洗澡、修剪指甲、剃须、理发、更换衣服、如厕等）、老人居室及卫生保洁服务、口服药护理（包括口服药及外用药、雾化、注射胰岛素等）、上门订餐服务、健康护理（记录血压、血糖、体温）
9:00~10:30	衣物洗涤服务、康娱活动服务（包括文化活动、健康讲座、社工活动等）、精神慰藉服务（针对有心理疾病的老人进行个案谈心、社工小组活动）、健身康复服务
10:30~11:30	外出安全服务、饮食安全服务、消防安全服务、设施维修服务、生活辅助服务
11:30~12:30	午餐服务
12:30~14:30	午间护理、健康护理、口服药护理
14:30~15:00	卫生保洁服务
15:00~17:00	文化娱乐服务、精神慰藉服务、健身康复服务、衣物洗涤服务、消防安全服务、生活辅助服务
17:00~18:00	晚餐服务、医疗护理服务
18:00~20:30	休闲服务、健康护理
20:30~21:00	睡前服务、口服药护理
21:00~次日 6:00	夜间护理、夜间安全服务

以上护理内容为机构的统一建议模板，仅供参考，护理时间节点及内容可能会因老人的个体差异进行适当调整，亦可能会因老人突发疾病，情绪、精神状态的忽然改变或年岁的增加等因素不能达到预期效果。

六、责任免除告知书

尊敬的老人家属：

我们在《长期照护计划书》中的康复、社工、护理等服务内容，皆是根据老人实际身体情况进行的安排，如老人或家属对老人的身、心健康实际情况的交代有所疏漏或隐瞒，因此造成的一切后果，均应自行负责，与我机构无关。

因长辈突发疾病或随年龄增加自然产生的身体机能退化，直接或间接导致老人身、心健康突发严重后果，均应自行负责，与我机构无关。

家属签字：

年 月 日

参考文献

［1］姚慧. 全方位养老照护指南［M］. 宁波：宁波出版社，2011.

［2］中华人民共和国国家质量监督检验检疫总局，中国国家标准化管理委员会. 养老机构服务质量基本规范［S］. 北京：中国标准出版社，2017.

［3］佚名. 个人照护计划制订与执行［J/OL］. 养老百科，2018.